돈 한 푼 안 들이고
20평대에서 50평대로 갈아타기

돈 한 푼 안 들이고
20평대에서 50평대로 갈아타기

초판 1쇄 펴낸 날 | 2015년 1월 20일
초판 2쇄 펴낸 날 | 2015년 2월 28일

지은이 | 푸르미미(김형욱)
펴낸이 | 이금석
기획 · 편집 | 박수진
디자인 | 김경미
마케팅 | 곽순식
경영 지원 | 현란
펴낸 곳 | 도서출판 무한
등록일 | 1993년 4월 2일
등록번호 | 제3-468호
주소 | 서울 마포구 서교동 469-19
전화 | 02)322-6144
팩스 | 02)325-6143
홈페이지 | www.muhan-book.co.kr
e-mail | muhanbook7@naver.com
가격 13,000원
ISBN 978-89-5601-382-4 (03320)

돈 한 푼 안 들이고 20평대에서 50평대로 갈아타기

| 푸르미미 지음 |

프롤로그

2013년 8월 〈대구 텐인텐〉이라는 재테크 카페에 '돈 한 푼 안 들이고 20평대에서 50평대로 갈아타기'라는 제목으로 한 편의 글을 올렸다. 나의 부동산 투자 경험담을 쓴 이 글은 당시에 뜨거운 반응과 관심을 받았다.

제목 그대로 '20평대 아파트에서 시작하여 추가비용 없이 50평대 아파트로 갈아타겠다'는 도전적이고 용기 있는 계획이었다. 2014년 12월 현재 나의 로드맵대로 잘 진행이 되고 있으며, 2015년 6월경에는 나의 계획이 눈앞에 현실로 펼쳐질 것이다. 이 계획과 실천방법이 궁금할 것이다. 간략하게 요약하면 다음과 같다.

아파트 명	금액	수익	갈아타는데 드는 비용
대구 서구 P아파트 25평			
2010년 2월 조합원 매물 매입	1억 4000만 원		
2013년 5월 매도	2억 1000만 원	7000만 원	
대구 달서구 S아파트 35평(현재 거주 중)			
2011년 9월 35평 분양권 매입	2억 2000만 원		25평 ➡ 35평 1000만 원
2015년 6월 매도 예정	3억 3000만 원	1억 1000만 원 예상	
대구 수성구 H아파트 53평			
2013년 9월 53평 미분양 매입	3억 1000만 원		35평 ➡ 53평 2000만 원 남을 것으로 예상
2014년 11월 매도	4억 3000만 원	1억 2000만 원	
대구 달서구 E아파트 56평(2015년 6월 이사 계획)			
2014년 2월 56평 미분양 매입	4억 3000만 원		53평 ➡ 56평 0원
2014년 11월 현재 시세	5억 3000만 원	현재 수익 약 1억 원	

25평 아파트를 매입하는데 1억 4000만 원의 비용이 들었고,

25평에서 35평으로 갈아타는데 1000만 원의 비용이 들었다.

35평에서 53평으로 갈아타는데 오히려 2000만 원이 남을 것으로 예상하고 있고, 53평에서 56평으로 갈아타는데도 주가비용이 늘지 않을 것 같다.

결국 25평에서 56평으로 갈아타는데 돈이 하나도 들지 않았을 뿐만 아니라, 오히려 2000만 원이 남을 것으로 예상한다.

2013년 8월, 카페에 공언했던 계획대로 모두 이룰 수 있게 되었다. 이 책에서는 내가 어떻게 돈 한 푼 안 들이고 20평대에서 50평대로 갈아탈 수 있었는지에 대한 생생한 경험담을 담았다.

1장에서는 경험을 바탕으로 지난 4년간 돈 한 푼 안 들이고 20평대에서 50평대로 갈아탈 수 있었던 노하우에 대해 이야기했다.

2장에서는 시중에 나와 있는 흔해 빠진 재테크이론이 아닌 투자의

세계에서 맨몸으로 직접 부딪치며 뼈저리게 느꼈던 부동산 투자마인드와 자세에 관한 내용을 담았다.

앞으로 예비 신혼부부들과 아파트 평수를 넓혀가고자 하는 분들, 재테크에 관심을 가지고 있는 분들에게 많은 도움이 되었으면 한다.

– 푸르미미

욕먹을 각오로 쓰는 투자마인드 이야기

제2장

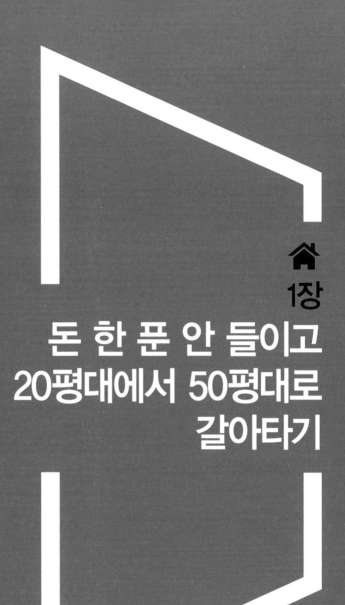

1장

돈 한 푼 안 들이고
20평대에서 50평대로
갈아타기

투자에서 중요한 것은
돈이 아니다

:: 한곳에 머무르지 말고 아파트 갈아타기를 하라

I. 대구 서구 P아파트 25평 구매

2010년, 오랫동안 사귄 여자친구와 결혼을 위해 신혼집을 알아보러

다녔다. 이왕이면 본가와 처가 가까운 곳에 집을 구하면 좋을 것 같다는 생각이 들어서 대구의 서구와 달서구 위주로 알아보던 중 나의 레이더망에 새로 짓는 아파트가 눈에 들어왔다.

당시 부동산 경기 침체로 새로 분양하는 아파트가 거의 없는 시기여서 그런지, 새로 분양하는 아파트인데도 주변의 아파트 시세보다 오히려 저렴했다. 그래서 서구의 P아파트 조합원 매물이 많이 있었는데, 2010년 2월경에 서구의 P아파트 25평 조합원 물건을 1억 2000만 원이라는 싼값에 매수했다. 조합원 물건이다 보니 세금이 1000만 원 나왔고, 올확장 비용이 1000만 원 나와서 결과적으로 1억 4000만 원에 매수하게 되었다.

2011년 4월에 결혼식을 올리고, 그해 3월 등기를 치고 입주하여 2년간 살았다. 그리고 1억 4000만 원에 산 아파트를 2013년 6월에 2억 1000만 원에 매도하였다. 1가구 1주택에 2년 보유 후 매도해 약 7000만 원의 수익을 남겼고, 양도세는 면제되었다.

서구의 P아파트 25평 1억 4000만 원에 매수(2010년 2월) ⇒
2억 1000만 원에 매도(2013년 5월)
: 약 7000만 원 수익

---

2. 대구 달서구 S아파트 35평 구매

2011년 서구의 P아파트에서 행복한 신혼생활을 하고 있던 중에 달서구의 S아파트 분양소식을 접하게 되었다. 지하철역과 가깝고, 주위에 밀집되어 있는 많은 편의시설을 이용할 수 있을 거라는 기대감이 들었다.

또한 태왕의 부도난 아파트 현장을 새로운 시행사가 싸게 매수한 부지여서 분양가 또한 35평 기준으로 약 2억 1000~3000만 원대로 상당히 저렴하였다. 그래서 2011년 9월 달서구의 S아파트 35평 분양권을 매수하게 되었다. 저층이라 분양가와 프리미엄(이하 P)을 합쳐서 약 2억 2000만 원에 구매할 수 있었다.

2013년 5월 기존의 P아파트를 2억 1000만 원에 팔고, 2013년 6월 S아파트로 입주하였다. P아파트를 2억 1000만 원에 팔았으니, S아파트 35평

새아파트로 입주하면서 든 돈은 1000만 원이 전부이다.

서구의 P아파트 25평 2억 1000만 원에 매도(2013년 5월) ⇒
달서구의 S아파트 35평 2억 2000만 원에 매수(2011년 9월)
: 25평에서 35평으로 갈아타는데 1000만 원이 들었다.

3. 대구 수성구 H아파트 53평 구매

2013년 6월, 달서구의 S아파트에 입주하여 살던 중 수성구에 H아파트를 분양한다는 소식을 접했다. 대구의 강남이라 할 수 있는 수성구 내에서 외곽지역에 위치해 있었으나 학군이 괜찮고, 역세권이며, 편의시설

등이 점차 들어오고 있어서 향후 전망이 밝을 것 같았다.

무엇보다도 원래 우방건설이 건축하고 분양했는데, 완공을 하기 전에 부도가 나 몇 년간 방치되어 있다가 새로운 시행사가 싸게 매입하여 저렴하게 재분양한다는 점이 마음에 들었다.

2013년 9월 수성구의 H아파트 모델하우스를 방문하였는데, 당시 53평의 경우 미분양 상태여서 선착순으로 판매를 하고 있었다. 최근 중소형 아파트의 공급은 많고, 중대형의 아파트 공급은 거의 전무해서 53평을 과감하게 3억 1000만 원에 분양받았다.

> 달서구 S아파트 35평 2억 2000만 원에 매수(2011년 9월) ⇒
> 3억 3000만 원에 매도 예상(2015년 6월)
> : 약 1억 1000만 원 수익 예상
>
> 수성구 H아파트 53평 3억 1000만 원에 매수(2013년 9월)
> : 2014년 11월 현재 시세대로라면 35평에서 53평으로 갈아타는데 오히려 2000만 원이 남게 된다.

4. 대구 달서구 E아파트 56평 구매

처음 계획은 지금 살고 있는 달서구의 S아파트에서 2년간 살다가, 2015년 6월쯤에 수성구의 H아파트로 이사를 하는 것이었다. 그러나 2014년 2월경에 달서구 E아파트 할인분양 소식을 접하면서 계획을 수정하였다.

E아파트는 역세권이라는 장점뿐만 아니라, 주변에 백화점, 대형마트 등 많은 편의시설이 밀집되어 있었고, 아파트단지와 초등학교가 붙어 있어 조만간 초등학교를 보내야 하는 아기가 있는 나에게 매력적으로 다가왔었다. 참고로 이 지역은 대구에서 수성구 다음의 학군으로 손꼽힌다.

사실 달서구 E아파트의 경우 2009년 입주를 시작하였으나, 부동산 경기가 좋지 않아 대형평수가 미분양이었다. 당시 건설사에서는 할 수 없이 전세분양을 놓았는데, 대구의 부동산 경기가 어느 정도 회복되자 할인분양을 하게 된 것이었다. 2014년 2월 분양사무실을 방문하여 E아파트 56평을 4억 3000만 원에 할인분양받았다.

수성구의 H아파트 53평 3억 1000만 원에 매수(2013년 9월) ⇒
4억 3000만 원에 매도(2014년 11월)
: 약 1억 2000만 원 수익

달서구의 E아파트 56평 4억 3000만 원에 매수(2014년 2월) ⇒
5억 3000만 원(2014년 11월 현재 시세)
: 2014년 11월 현재 시세대로라면 53평에서 56평으로 갈아타는데 돈이 한 푼도 안 들게 된다.

이상의 내용을 요약하면 다음과 같다.

서구의 P아파트 25평 1억 4000만 원에 매수(2010년 2월) ⇒
2억 1000만 원에 매도(2013년 5월)
: 약 7000만 원 수익

달서구의 S아파트 35평 2억 2000만 원에 매수(2011년 9월) ⇒
3억 3000만 원에 매도 예상(2015년 6월)
25평에서 35평으로 갈아타는데 1000만 원 추가 발생
: 약 1억 1000만 원 수익 예상

수성구의 H아파트 53평 3억 1000만 원에 매수(2013년 9월) ⇒
4억 3000만 원에 매도(2014년 11월)
35평에서 53평으로 갈아타는데 오히려 2000만 원이 남을 것으로 예상
: 약 1억 2000만 원 수익
(※ 2013년 최초 분양받은 아파트여서 5년간 양도세면제혜택을 보며 양도
세는 면제이나 농특세 20%는 납부해야 하는데, 그 금액이 약 500~600
만 원 정도로 예상된다. 그 외에 대출이자, 대출 중도상환수수료, 부동산 중
개료 등으로 약 500~600만 원 정도 들어 순수익은 약 1억 정도로 예상된
다.)

달서구의 E아파트 56평 4억 3000만 원에 매수(2014년 2월) ⇒
5억 3000만 원(2014년 11월 현재 시세)
53평에서 56평으로 갈아타는데 돈이 들지 않음
: 결과적으로 돈 한 푼 안 들이고 25평에서 56평으로 갈아탈 수 있게 되었
다.

:: 투자에서 가장 중요한 것

20평대에서 50평대로 갈아타는데 필요한 것은 무엇인가?

1. 돈 — 0원

2. 시간 — 약 5년

3. 관심 — 아파트에 대한 끊임없는 관심과 공부

대부분의 사람들은 재테크를 하기 위해서는 많은 돈이 있어야 된다고 생각한다. 투자에 있어서 종잣돈이 중요하기는 하나 절대적인 요소는 아니다. 나의 경우 돈 한 푼 안 들이고 20평대에서 50평대로 갈아탈 수 있었던 것은 돈보다는 5년이라는 시간과 부동산에 대한 끊임없는 관심, 공부 덕이었다.

일반인들이 투자에 있어서 중요하다고 생각하는 것

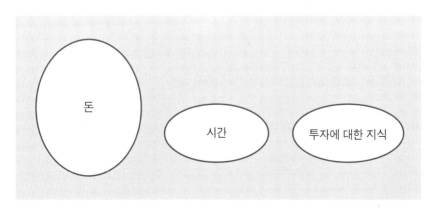

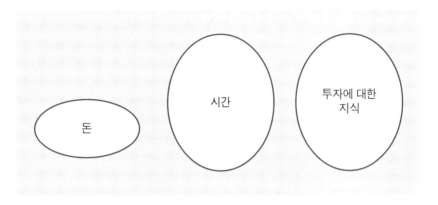

매주 토요일 로또 당첨자를 뽑는 순간을 간절히 기다리는 사람들이 많다. 일확천금을 노리고 돈 걱정 없이 살기를 바라는 사람들이 많다는 증거다. 하지만 그 확률은 800만분의 1이라고 하니 당첨되기를 바라는 것은 불가능에 가깝다고 보면 될 것이다.

TV 유명 프로그램에서 운 좋게 로또 1등에 당첨된 사람들의 몇 년 후를 조사한 적이 있었는데, 불행하게도 그 많은 돈을 흥청망청 쓰고 파산하는 경우가 대부분이었다. 이런 경우 흔히 '돈을 담을 수 있는 그릇이 작다'라고 말한다. 너무나 큰돈이 갑자기 생겨서 그것을 담고 지키고 불려나가는 마인드가 부족하니 들어온 돈이 금방 다시 나가게 되는 것이다. 그래서 돈을 모으기 전에 돈을 담을 수 있는 그릇부터 키워야 한다. 그릇을 다르게 표현하면 '투자에 대한 지식과 마인드'라 할 수 있을 것이다.

투자에 있어서 가장 좋은 것은 돈도 많이 가지고 있고, 시간도 많이 가지고 있고, 투자에 대한 지식도 많이 가지고 있는 것이다. 그러면 투자에 성공적일 수 있으며 경제적 자유를 쟁취할 수 있다.

하지만 은수저를 물고 태어나지 않는 이상 대부분 돈이 넉넉하지 않다. 그렇다면 우리가 할 수 있는 일은 투자에 대하여 지식을 쌓는 것이다. 투자에 대한 마인드를 정립하는 것이다. 그리고 이왕이면 젊을 때부터 투자를 시작하여 시간을 확보하는 것이다. 많은 돈을 가지고 있지 않아도 시간을 가지고 있고, 투자에 대한 지식과 마인드를 갖추고 있다면 경제적 자유로 가는 길에 도달할 수 있다.

따라서 돈이 없어서 투자를 못한다느니, 종잣돈이 없어서 재테크를 못한다는 말은 투자의 본질을 모르고 하는 말이다. 투자에서 중요한 것은 돈보다 시간 확보와 투자에 대한 지식이다.

존재의 이유와 투자의 이유

배는 항구에 정박해있을 때 가장 안전하다.

하지만 그것이 배의 존재 이유는 아니다.

투자를 하지 않으면 잃을 게 없으니 가장 안전하다.

하지만 자본주의 사회에서는 투자하지 않는 삶은 결코 안전하지 않다.

우리가 안전하다고 생각하는 것이 결국에는 가장 위험하다.

이는 우리가 위험을 무릅쓰고 투자하는 이유이기도 하다.

당신이 존재하는 이유는 무엇인가?

그리고 투자하는 이유는 무엇인가?

부도난 아파트가
돈이 된다

:: 치밀하게 절세 계획을 세워라

앞에서 언급한 대로 2010년 서구의 P아파트, 2011년 달서구의 S아파트, 2013년 수성구의 H아파트, 2014년 달서구의 E아파트를 차례로 매수하였는데, 이 아파트들에게는 공통점이 있다.

핵심 공통사항 1.
양도세 면제 – 1가구 1주택 시 2년간 거주 후 매도한 경우 또는
2013년에 신규 분양한 아파트의 원 분양자인 경우(5년간)

나의 경우를 예로 들면 다음과 같다.

서구 P아파트

2011년 3월, 1억 4000만 원에 등기

2013년 5월, 2억 1000만 원에 매도

수익 7000만 원에 대한 양도세 0원
⇒ 이유: 1가구 1주택 2년간 거주 후, 양도 시 양도세 면제

달서구 S아파트

2013년 5월, 2억 2000만 원에 등기

2015년 6월, 약 3억 3000만 원에 매도 예상

수익 1억 1000만 원에 대한 양도세 0원
⇒ 이유: 1가구 1주택 2년간 거주 후, 양도할 계획

수성구 H아파트

2013년 9월, 미분양 매입

2014년 6월, 3억 1000만 원에 등기

2014년 11월, 4억 3000만 원에 매도

달서구의 E아파트

2014년 2월, 4억 3000만 원에 분양

2015년 5월, 등기 예정(2014년 11월 현재 시세 5억 3000만 원)

이와 같이 아파트 갈아타기를 하면서 상당히 큰 금액의 양도차익이 생겼다. 하지만 1가구 1주택 2년 보유 후 양도를 할 때 또는 2013년 분양하는 아파트를 분양받은 원 분양자인 경우, 등기 후 5년 안에 매도하면 양도세가 면제된다. 그동안 치밀하게 매수, 매도의 스케줄을 잘 짜서 많은 차익을 남겼음에도 불구하고, 양도세는 하나도 내지 않도록 절세 계획을 세웠다.

다음 보는 바와 같이 5년간 양도세가 면제되는 아파트의 경우, 해당

아파트가 속한 각 구청에서 분양계약서에 '신축주택 또는 감면대상기존주택임을 확인하는 날인'을 해준다.

2013년에 분양한 아파트를 산 경우 분양계약서에 위의 날인이 있을 것이다. 본인이 분양받은 아파트가 양도세 면제에 해당하는지 잘 모르겠다면, 지금 당장 분양계약서에 다음과 같은 날인이 있는지 확인해보면 된다. 확인이 어렵다면 관할 구청 주택과 등에 문의하면 가장 정확하게 알 수 있다.

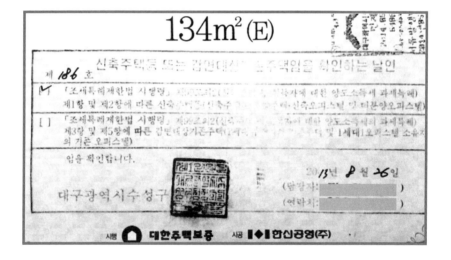

:: 학군이 좋은 곳으로 평수를 넓혀가라

핵심 공통사항 2.
서구 ⇒ 달서구 ⇒ 수성구로 학군 상향식 평수 넓혀가기

'맹모삼천지교(孟母三遷之教)'

맹자의 어머니가 자식을 위해 세 번 이사했다는 뜻으로, 인간의 성장에 있어서 그 환경이 중요함을 가리키는 말이다.

우리나라 역시 교육열은 가히 세계 어디에서도 비교할 나라가 없을 정도이고, 교육환경이 좋은 곳으로 이사하려는 수요는 줄어들지 않는다. 자연스레 학군이 좋은 지역의 아파트들은 다른 지역들보다 가격이 더 많이 상승해왔다. 이처럼 우리나라에서 학군은 집값을 결정하는 중요한 요소 중에 하나다.

아이가 하나둘 생기고, 점점 크면 짐도 많이 늘면서 이런저런 이유로 평수를 넓혀가고자 하는 욕구가 생기게 된다. 대개 이런 경우 지금 사는 곳보다 집값이 싼 지역으로 이사를 가면서 평수를 넓힌다. 이때 반드시 명심해야 할 점이 있다. 평수를 넓혀가고자 할 때 지금 살고 있는 지역보다는 학군이 조금 더 좋은 곳으로 이사를 해야 한다는 것이다. 이것이 투자 측면에서는 훨씬 더 유리하기 때문이다.

29

부동산 상승기에는 학군이 좋은 지역의 아파트가 타 지역 대비 더 많은 상승을 하고, 부동산 하락기에는 타 지역 대비 집값이 덜 내려간다. 특히 대구의 강남이라고 불리는 '수성구'는 대구에서 가장 학군이 좋은 지역으로 오래전부터 전국적으로 알아주는 명문 학군이다. 올해 수능에서 만점자가 전국에 12명이 나왔는데, 그중 대구 수성구에 위치한 경신고에서만 만점자가 4명이나 나와서 다시 수성구 학군이 많은 화제를 모았었다. 다음은 2014년 12월 3일자 〈중앙일보〉 기사이다.

대구 경신고 '수능 만점자' 4명 배출, 서울 강남 8학군은 0명

2015년 수능 성적표가 3일 배부됐다. 수능 만점자가 총 12명으로 집계된 가운데 대구 경신고가 가장 많은 만점자를 배출해 화제를 모으고 있다.

교육부가 확인한 전국 수능 만점자는 부산 대연고의 이동헌, 경북 포항제철고의 한지민, 울산 성신고의 최보윤, 경기 용인 외대부고의 김세인, 대구 경신고의 권대현, 김정훈, 이승민, 이승민(동명), 전남 순천 매산고의 정대승, 광주 인성고의 박현준, 경북 안동고의 김관후, 서울 양정고의 이승민까지 총 12명이다.

특히 이번 수능 만점자 12명 중 대구 경신고 학생이 4명이나 이름을 올린 것으로 확인돼 대구 경신고가 화제로 떠올랐다. 또한 대구 경신고 만점자 중 두 명이 같은 이름인 '이승민'인 것과 서울 양정고의 수능 만점자 이름도 이승민인 사실도 알려졌다.

대학 학군 레벨

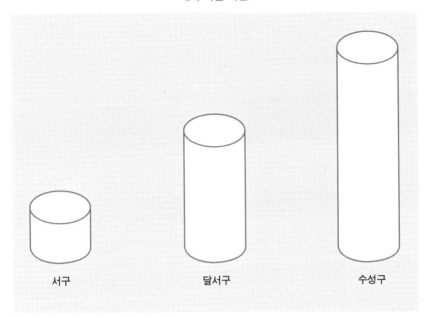

서구   달서구   수성구

나의 아파트 갈아타기

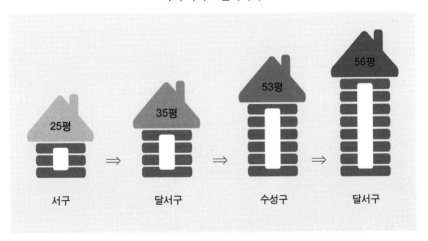

25평   35평   53평   56평

서구 ⇒ 달서구 ⇒ 수성구 ⇒ 달서구

이와 같이 대구의 학군은 서구, 달서구, 수성구 순이다. 나는 서구, 달서구, 수성구, 달서구 순으로 아파트를 갈아탔다. 점차 평수를 넓혀가면서도 학군이 더 좋은 지역으로 옮겨간 것이다.

서구의 25평 P아파트에서 신혼을 시작하여 조금 더 학군이 좋은 달서구의 35평 S아파트로 갈아탔고, 그 다음은 대구에서 가장 학군이 좋은 수성구의 H아파트로 갈아탔으며, 마지막으로 2015년 6월에는 달서구의 E아파트로 갈아탈 예정이다.

참고로 달서구 E아파트의 경우는 단지 바로 옆에 초등학교가 있고 중학교와 고등학교도 도보 10분 거리에 위치해 있다. 수성구를 제외하고는 대구에서 가장 좋은 학군이라 할 수 있어 이사하기로 결정하였다. 마지막으로 한번 더 강조하지만 아파트 평수를 넓혀 갈아타기를 할 때에는 학군이 좋은 쪽으로 옮겨야 한다는 것을 명심하길 바란다.

:: 부도난 아파트가 돈이 된다

핵심 공통사항 3.
부도난 아파트가 돈이 된다.

25평 P아파트

⇒ 여러 가지 이유로 공사 일시 정지된 현장

　25평짜리 조합원의 P아파트를 살 당시에는 여느 재개발 현장이 그런 것처럼 여기도 말들이 많았고 시끄러웠다. 공사가 중단된 적이 있고, 아파트 공기 내에 짓기 어렵다는 둥, 짓다가 언제 그만둘지 모른다는 둥, 심지

어느 추운 겨울에 공사를 해서 아파트가 튼튼하지 않다는 둥 주변에서 소문이 무성했다.

이런 이유로 P아파트의 조합원 매물이 시세보다 저렴하게 많이 나와 있어 덕분에 당시 주변의 25평 아파트가 1억 5000~6000만 원 할 때 P 아파트의 조합원 물건을 1억 2000만 원에 주변 대비 저렴하게 매수할 수 있었다(등기 이전을 하면서 세금과 확장비용으로 2000만 원 더 들어감).

분석해보니 P아파트는 2000세대가 넘는 대단지이면서 브랜드의 새 아파트이고, 주요 관공서가 아파트 앞에 몰려 있는데도 주변 아파트에 비해 저평가되어 있었다.

분석 후에 주변 부동산에 가서 의견을 들어보고, 현장에 있는 대우건설 분양사무실을 방문하여 담당자들과 이야기를 나누면서 P아파트가 소문과는 달리 안전하고 계획대로 잘 지어질 것 같다는 확신이 서서 매입하게 되었다. 어쨌든 이래저래 말이 많은 아파트이다 보니 당시 시세 대비 3000만 원 정도 싸게 매입할 수 있었다.

35평 S아파트

⇒ 태왕에서 부도가 나서 공사가 일시적으로 정지된 현장

새로운 시행사가 인수 후 재분양

처음에 오블리제라는 브랜드로 분양하려다가 태왕이 부도가 나면서 몇 년간 공사가 중단된 현장이다. 시공사가 부도가 나더라도 대한주택보증에서 보증을 하기 때문에 계약자의 경우, 낸 돈은 보상이 된다. 하지만 현장은 시공사가 부도가 난 후, 새로운 시공사가 몇 년간 안 나타나면 새로운 시공사가 나타날 때까지 방치된다. 그 현장을 새로운 시행사가 경매로 낙찰받아 S아파트를 저렴하게 재분양하였다.

태왕이 지을 당시에는 그 옆에 있는 고급 주상복합아파트 '대우 월드

마크 웨스트엔드'처럼 대형평수 위주의 고급스러운 아파트를 지을 계획이어서 분양가가 평당 1000만 원 정도로 비쌌다.

하지만 새로운 시행사가 재분양하면서 대형평수로는 분양이 어려울 것으로 예상하여 대형평수가 아닌 중소형평수로 구성하여 분양하였고, 분양가도 평당 600만 원대의 아주 착한 분양가를 책정하였다. 36평의 경우 태왕에서 3억에 분양할 계획이었으나, 몇 년이 지나 새로운 시행사가 2억 3000만 원에 분양하게 된 것이다.

몇 년 사이 평당 분양가가 1000만 원대에서 600만 원대로 반 토막이 났으니 7000만 원 정도 할인분양받는 기분이 들어 승산 있는 게임이라 생각해서 매입하게 되었다.

다음은 2006년 12월 9일 〈매일신문〉 기사이다.

태왕, '용산역 태왕아너스 오블리제' 분양

태왕은 11일 달서구 감삼동 '용산역 태왕아너스 오블리제'를 분양한다

주상복합 아파트인 '용산역 태왕아너스'는 36~87평형까지 모두 514가구 규모로 최고층 36층으로 지어지며 지하철 2호선 용산역과 죽전역 사이에 위치해 있다.

태왕 관계자는 "죽전네거리는 서부 지역 생활 중심지로 할인점과 학교, 의료 기관 등이 몰려 있어 최적의 생활 여건을 갖고 있다."며 "단지 내에 피트니스

센터와 실내 골프장 등 부대 시설이 갖춰져 있으며 조망 및 일조권이 탁월한 단지"라고 밝혔다.

　　분양가는 36평형대는 840만 원, 40평형대는 980만 원 선이다. 모델하우스 위치는 지하철 2호선 죽전역 인근.

53평 H아파트

⇒ 우방에서 부도가 나서 공사가 일시 정지된 현장. 새로운 시행사가 인수하여 재분양

　　수성구의 H아파트 역시 달서구의 S아파트처럼 시공사인 우방이 부도

가 나면서 공사가 몇 년간 중단이 된 현장을 대한주택보증에서 매입하여 새롭게 재분양을 한 경우다. 이곳 역시 처음에 우방이 분양하려고 할 때에는 고급스럽고 화려하게 지어서 평당 800~900만 원대로 분양가가 비싸게 책정되었다.

하지만 우방의 부도로 새로운 시행사인 대한주택보증에서 500~600만 원대의 아주 저렴한 분양가로 분양하였다. 53평의 경우 우방에서 4억 7000만 원에 분양할 계획이었으나, 몇 년이 지나 새로운 시행사에서 3억 1000~2000만 원에 분양하게 된 것이다. 몇 년 사이 분양가가 많이 내려가 1억 5000만 원 정도 할인분양을 받는다는 기분이 들어 승산이 있다고 보고 매입하게 되었다.

또한 우방이 분양하려던 당시에는 사월역이 2호선 종점이었지만, 연장되어 더 가까운 위치에 정평역도 들어섰는데도 더 저렴한 가격에 분양하니 놀라울 따름이었다. 당시 대형평수 아파트는 이제 투자로써는 메리트가 없다고 이야기하는 분들이 많았다. 하지만 수요와 공급을 따져보았을 때 대형평수의 공급이 전무한 시점이었고, 역세권인데다가 학군이 좋은 대형평수의 아파트는 여전히 승산이 있을 거라 판단했다.

다음은 2006년 7월 7일 〈내일신문〉 기사이다.

━━━━━━━━━━━━━━━━━━━━━━━━━━━━━━━━━━━━━━━

중견건설업체 우방은 오는 11일 대구시 수성구 만촌동에서 '시지우방유쉘'

견본주택을 공개하고 이날부터 순위청약 접수에 들어간다고 7일 밝혔다. 지상 18층 6개동 규모로 34~53평형 510세대가 공급되며 11일과 12일 양일간에 걸쳐 우선순위, 1순위, 2순위, 3순위 동시 접수를 받는다.

분양가격은 34평형 기준층이 2억 4900만 원(평당 732만 원)이며, 34평형 2억 3900만 원(702만 원)이다. 또 47평형은 4억 600만 원(864만 원)이며, 53평형 4억 7000만 원(887만 원)이다.

정리하자면 그동안 나는 아파트를 싸게 사기 위해

저평가된 조합원의 아파트를 샀고,

⇒ 서구 P아파트

부도난 아파트들을 싸게 재분양하는 아파트를 샀으며,

⇒ 달서구 S아파트, 수성구 H아파트

할인분양하는 아파트를 샀다.

⇒ 달서구 E아파트

그리고 무엇보다 이 아파트 모두 양도세를 낼 필요가 없도록 절세 작전을 세우고 매매하였다.

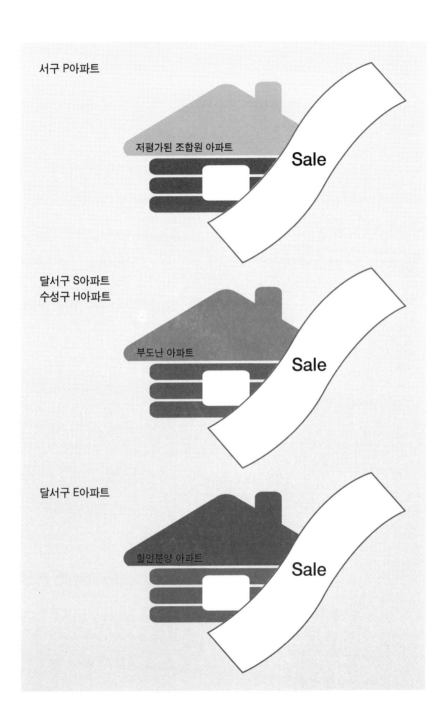

서구 P아파트

저평가된 조합원 아파트

Sale

달서구 S아파트
수성구 H아파트

부도난 아파트

Sale

달서구 E아파트

할인분양 아파트

Sale

걸림돌인가 디딤돌인가?

태어나서 가난한 건 당신의 잘못이 아니지만

죽을 때도 가난한 건 당신의 잘못이다. -빌 게이츠

자본주의 사회에서는 누구든 부자가 될 수 있다.

다양한 도구를 이용하면

더욱 빨리 부자가 될 수 있다.

도구 1. 레버리지(대출)

도구 2. 투자에 대한 지식

도구 3. 시간

이러한 도구를 이용하면

누구나 부자로 가는 길에 들어설 수 있다.

그러나 대출은 위험한 것이라는 잘못된 고정관념에 때문에

시간을 투자할 만한 여유가 없다는 근시안적인 마인드 때문에

투자에 대한 공부를 할 시간이 없다는 변명을 대며

이러한 도구들을 디딤돌이라 생각하지 못한다.

이것은 디딤돌인가 걸림돌인가?

당신은 돌(도구)을 어떻게 사용할 것인가?

부동산 상승기에는
다음에 살 아파트를 미리 사라

:: 입주와 동시에 갈아탈 아파트를 미리 사라

대부분의 사람들은 살고 있는 아파트를 매도하려고 할 때쯤 다른 아파트를 알아본다. 부동산 상승기에는 자신이 가지고 있는 아파트 가격이 오른 것처럼 다른 아파트 가격도 그만큼 오르기 때문에 더 넓은 평수로 갈아타기 위해서는 추가로 돈이 든다. 따라서 부동산 상승기에는 아파트를 사서 입주함과 동시에 바로 다음에 살 아파트를 분양받으면 많은 돈을 들일 필요 없이 또는 추가비용 없이 넓은 평수로 갈아탈 수 있다. 단, 부동산 대세 상승기라는 전체하에서다.

나의 경우를 예로 들면 다음과 같다.

2011년 3월	서구의 P아파트(25평)을 1억 4000만 원에 분양받았다.
↓ 입주 6개월 후	
2011년 9월	달서구의 S아파트(35평)을 2억 2000만 원(P1000만 원 포함)에 분양받았다.

2013년 6월에 서구의 P아파트를 2억 1000만 원에 매도하고,
같은 달, 달서구의 S아파트에 1000만 원만 더 주고 입주하게 된다.

결과	다음에 살 아파트를 미리 사두어서 25평에서 35평으로 옮기는데, 추가비용 1000만 원이 들었다.

2013년 6월	달서구의 S아파트(35평)을 2억 2000만 원에 분양받았다.
↓ 입주 3개월 후	
2013년 9월	수성구의 미분양 H아파트(53평)을 3억 1000만 원에 분양받았다.

2014년 11월 현재, 달서구의 S아파트 시세가 3억 3000만 원 이상이므로 53평으로 갈아타는데 2000만 원이 오히려 남게 된다(수성구 H아파트에 입주할 계획이었으나, 달서구 E아파트 입주로 계획이 변경되었다).

결과	다음에 살 아파트를 미리 사두어서 35평에서 53평으로 옮기는데 추가비용이 들지 않고 오히려 2000만 원이 남게 되었다.

2013년 9월	수성구의 H아파트(53평)을 3억 1000만 원에 분양받았다.
↓ 분양받은 지 5개월 후	
2014년 2월	할인분양하는 달서구의 e아파트(56평)을 4억 3000만 원에 분양받았다.

2014년 11월에 수성구의 H아파트를 4억 3000만 원에 매도해서
2015년 6월에 달서구의 E아파트 56평으로 옮기는데 추가비용이 들지 않는다.

결과	다음 살 아파트를 미리 사두어서 53평에서 56평으로 옮기는데 추가비용이 들지 않았다.

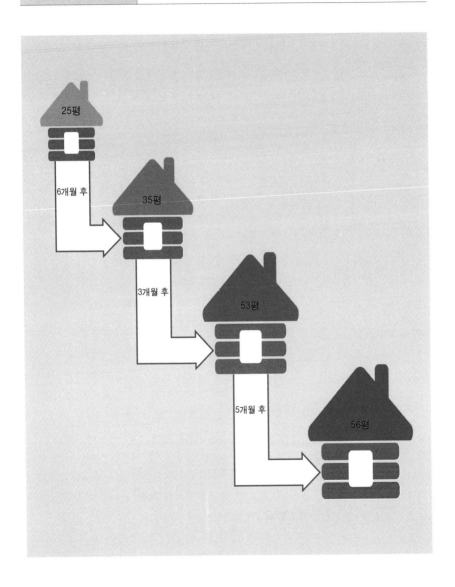

아파트 명	금액	수익	갈아타는데 드는 비용
대구 서구 P아파트 25평			
2010년 2월 조합원 매물 매입	1억 4000만 원		
2013년 5월 매도	2억 1000만 원	7000만 원	
대구 달서구 S아파트 35평(현재 거주 중)			
2011년 9월 35평 분양권 매입	2억 2000만 원		25평 ➡ 35평 1000만 원
2015년 6월 매도 예정	3억 3000만 원	1억 1000만 원 예상	
대구 수성구 H아파트 53평			
2013년 9월 53평 미분양 매입	3억 1000만 원		35평 ➡ 53평 2000만 원 남을 것으로 예상
2014년 11월 매도	4억 3000만 원	1억 2000만 원	
대구 달서구 E아파트 56평(2015년 6월 이사 계획)			
2014년 2월 56평 미분양 매입	4억 3000만 원		53평 ➡ 56평 0원
2014년 11월 현재 시세	5억 3000만 원	현재 수익 1억 원 정도	
부동산 상승기에 다음에 살 아파트를 미리 사두어서 25평에서 56평으로 갈아타는데 돈이 한 푼도 들지 않았을 뿐만 아니라, 오히려 1000만 원 이상이 남게 되었다.			

부동산 상승기에는 다음 살 아파트를 미리 매수해 놓으면 기존의 아파트 가격도 오르고, 이사 갈 아파트도 가격이 오르는 2배의 기쁨을 누릴 수 있다.

'다음 아파트를 미리 산다'는 것은 25평 아파트에 살면서 33평 아파트로 2년 후에 옮긴다는 계획이 있으면, 2년 후에 33평 아파트를 사지 말고 25평 아파트에 살면서 기회를 보고 미리 33평 아파트를 산다는 의미이다. 부동산 상승기에는 지금 살고 있는 25평 아파트의 가격도 오르고, 미리 사놓은 33평 아파트도 덩달아 오르기 때문이다.

나의 경우는 갈아탈 아파트로 새로 분양하는 아파트를 계약금 10%만 내고 미리 분양받거나, 할인분양하는 기존의 아파트를 미리 사놓았다.

다음 그래프를 보자. 유심히 보면 느끼는 것이 많을 것이다. 10번, 100번 이상 자세히 살펴보기를 권한다.

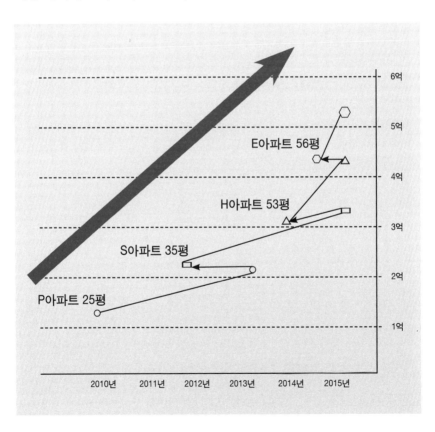

:: 지방의 아파트를 주목하라

다음 그래프를 보면 알 수 있듯이 대구의 부동산 상승기는 2010년부터 시작이 되었으며 현재까지도 그 상승기류가 이어지고 있다. 역사적으로 봤을 때 한 지역의 부동산이 상승하기 시작하면 대세 상승기가 보통 5~7년 정도 이어졌다. 대구의 경우 2010년 아파트 시장이 장기간의 하락세 또는 보합세의 침묵을 깨고 꿈틀거리기 시작하였고, 2011년쯤에는 대구가 확실히 대세 상승기에 접어들게 되었다.

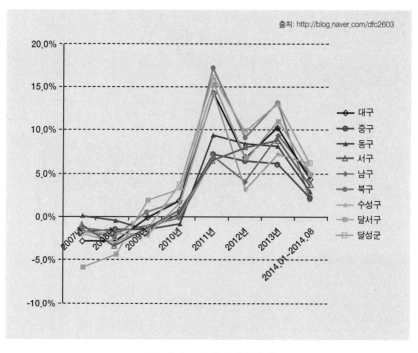

대구 아파트 연간 가격 상승률

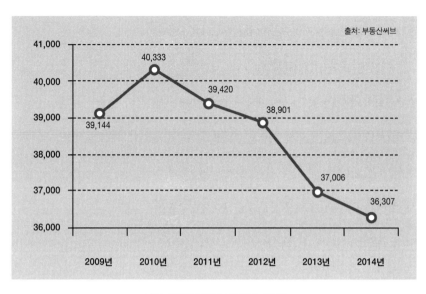

출처: 부동산써브

41,000

40,333

40,000

39,420

39,000

38,901

39,144

38,000

37,006

37,000

37,006

36,307

36,000

2009년 2010년 2011년 2012년 2013년 2014년

서울 아파트 평균 매매가 추이

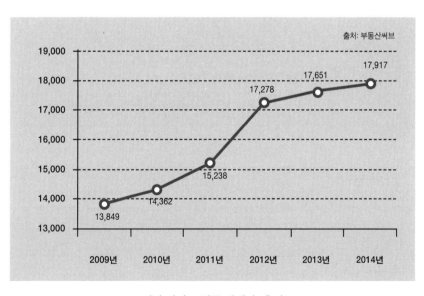

출처: 부동산써브

19,000

18,000

17,917

17,651

17,278

17,000

16,000

15,238

15,000

14,362

14,000

13,849

13,000

2009년 2010년 2011년 2012년 2013년 2014년

지방 아파트 평균 매매가 추이

아이러니하게도 수도권의 아파트 시장과 지방의 아파트 시장이 거꾸로 가는 것을 확인할 수 있다. 역사적으로 봤을 때에도 수도권 아파트 시장과 지방의 아파트 시장이 같이 움직이지는 않았다. 10년 전 수도권 아파트 가격이 상승할 때 지방은 반대였으며, 최근에 지방 아파트 가격이 상승하자 수도권 아파트는 그 반대의 길을 걷고 있다. 지방 중에서도 대구의 상승률이 최고 수준이다.

다음은 2011년 6월 3일자 〈매일신문〉에 난 기사이다.

대구 아파트 시장 '청약시대' 다시 열리나

S아파트 오픈 첫날 1만여 명 북새통…분양시장 훈풍

"청약 통장이 없으면 분양받기가 어려울 것 같네요."

"쓸모없을 것 같아 지난해 해지를 했는데…"

2일 오전 대구 달서구 감삼동 'S아파트' 모델하우스. 30분 이상 줄을 섰다 상담석에 앉은 이들 중 상당수가 허탈한 표정을 짓고 돌아섰다. 수요자가 몰리면서 청약 통장이 없으면 계약이 불가능하기 때문이다.

모델하우스 개장 첫날 이곳을 방문한 수요자는 줄잡아 1만여 명. 문을 열기 전부터 몰려든 이들은 1km가량 줄을 길게 섰고, 이 모습에 시공사 관계자와 방문객 모두 놀란 표정이었다.

대구 주택 시장이 '깜깜이 시대'를 마감하고 '청약 시대'로 접어들었다.

2006년 이후 공급 과잉으로 인한 시장 침체로 '할인분양'이 보편화되면서 사라졌던 '청약 시장'이 되살아나고 있는 것.

시공사 관계자들은 "그동안 정상 청약기간 동안 계약자가 없어 시공사들이 이미지 관리와 추후 할인을 위해 분양을 하더라도 홍보를 하지 않는 깜깜이 분양을 해왔다"며 "시장이 빠른 속도로 정상화되고 있다"고 말했다.

2010년 2월에 서구의 P아파트 조합원 아파트 입주권을 사면서 대구 부동산의 동향을 파악하기 위해 늘 노력했는데, 2011년 지금 내가 살고 있는 달서구의 S아파트가 분양될 때 약 100대 1의 청약경쟁률이 나오는 것을 두 눈으로 확인하고 나서 대구가 대세 상승기에 접어들었다는 것을 확신할 수 있었다. 그래서 두 번째 아파트로 달서구의 S아파트 분양권을 사게 되었고, 그 후부터 확신에 찬 신념으로 평수를 넓혀가며 갈아타기를 하게 되었다.

"앞으로도 대구를 비롯한 지방의 부동산 상승이 계속 지속될 수 있을까요?" 하고 나에게 묻는 사람들이 많다. 확실하게 이야기할 수 있는 것은 2010년부터 시작한 대구 부동산의 상승은 약 4년이 지난 현재, 상승 사이클의 중간 지점은 지났다는 것이다. 지금은 상승의 정점을 향해 가고 있는 중이다. 부동산 시장이 늘 그래왔듯이 상승이 있으면 하락이 있고, 하락이 있으면 상승이 있다는 것을 명심하기를 바란다. 자세한 이야기는 이 책의 뒷부분 '푸르미미와의 인터뷰'에서 이야기하겠다.

:: '일시적 1가구 2주택 양도세 면제'를 활용하라

사실 수성구의 H아파트의 경우 2014년 2월까지가 입주기간이라 기간 안에 잔금을 치르고 입주해야 한다. 이 기간 안에 입주하지 않으면 무려 10%에 달하는 고금리 연체이자를 물어야 한다. 그럼에도 불구하고 입주기간이 지나 몇 달이 지나도록 일부러 입주를 하지 않았다. 그 이유는 '일시적 1가구 2주택 양도세 면제 혜택'을 보기 위해서였다.

1가구 1주택이고, 그 주택을 2년간 보유하고 있다가 매매하면 양도세가 0원이다. 다 주택자의 경우 매매 시 차익에 따라 양도세를 중과하는데, 특별히 예외인 경우가 있다. 바로 '일시적 1가구 2주택'인 경우인데, 여기에 해당되면 양도세 면제 혜택을 볼 수 있다.

이 혜택을 받기 위해서는 첫 번째 주택을 매수하고 두 번째 주택은 1년이 지나서 매수해야 일시적 1가구 2주택 적용을 받아 혜택을 받을 수 있다. 두 번째 주택을 구매한 시점부터 3년 안에 첫 번째 주택을 팔면 양도세 면제가 되는 것이다.

나의 경우를 예로 들어보면 달서구의 S아파트를 2013년 5월에 등기하였으므로 수성구의 H아파트는 2014년 5월 이후에 등기하고, 수성구의

H아파트를 등기한 지 3년 이내 즉, 2017년 5월까지 달서구의 S아파트를 매도하면 양도세 비과세가 된다.

달서구의 S아파트를 2011년 2억 2000만 원에 매수하였고, 2014년 11월 현재 시세가 3억 3000만 원 이상 하는데 '일시적 1가구 2주택 양도세 면제'를 받으면 양도세는 0원이 된다.

사실 일시적 1가구 2주택 양도세 면제 혜택을 받기 위해 달서구 S아파트를 등기하고 1년 후에 수성구의 H아파트를 등기하였으나, 2014년 11월 수성구의 H아파트를 먼저 매도하게 되면서 큰 의미는 없어졌다.

하지만 만일의 경우를 대비해 미리 절세 계획을 세우는 것이 나중에 계획이 어떻게 바뀔지 모르므로 좋을 것이다. 특히나 부동산 상승기의 경우에는 스스로 절세 계획을 세우고 안 세우고는 금액적으로 엄청난 차이가 있다는 것을 알고 있어야 한다.

Point

일시적 1가구 2주택 양도세 면제를 위해서는 첫 번째 주택과 두 번째 주택 매수 시 매수 기간 차이를 1년 두어야 한다.

매수기간에 1년의 시차를 두어야 한다는 것은 아주 중요한 부분인데 부동산중개소 소장들도 잘 모르고 있는 경우가 많아서 안타까울 때가 많다. 어떤 소장은 아파트 등기하고 다음날 다른 아파트를 등기하면 일시적 1가구 2주택이 되어서 양도세 면제 혜택을 볼 수 있다고 아주 확신에 차 설명해 황당한 적이 있었다.

다음과 같이 일시적 1가구 2주택 양도세 면제가 되는 경우가 몇 가지 있는데, 숙지하면 절세 효과를 볼 수 있을 것이다. 에듀나인 출판 《2014 공인중개 부동산 세법》을 참고하였다.

일시적 1가구 2주택 양도세 면제 조건

1. 거주 이전을 위한 2주택

1주택을 소유한 1세대가 그 주택을 양도하기 전에 다른 주택을 취득함으로써 일시적으로 2주택이 된 경우 — 종전의 주택을 취득한 날부터 1년 이상이 지난 후, 다른 주택을 취득하고 다른 주택을 취득한 날로부터 3년 이내 종전 주택을 양도, 양도일 현재 2년 이상 보유한 경우

2. 노부모 동거봉양을 위한 2주택

1주택을 보유하고 1세대를 구성하는 자가 1주택을 보유하고 있는 60세 이상의 직계존속을 동거봉양하기 위하여 세대를 합침으로써 1세대가 2주택을 보유하게 되는 경우 — 합친 날로부터 5년 이내에 먼저 양도하는 주택의 경우

3. 혼인으로 인한 2주택

1주택을 보유하는 자가 1주택을 보유하는 자와 혼인함으로서 1세대가 2주택을 보유하게 되는 경우 — 혼인한 날로부터 5년 이내에 먼저 양도하는 주택

4. 상속으로 인한 2주택

상속받은 주택과 그 밖의 일반 주택을 국내에 각각 1개씩 소유하고 있는 1세대가 일반 주택을 양도하는 경우

5. 지정문화재 등에 따른 2주택

문화재보호법에 따른 지정문화재 또는 등록문화재에 해당하는 주택과 그 밖의 일반 주택을 국내에 각각 1개씩 소유하고 있는 1세대가 일반 주택을 양도하는 경우

6. 농어촌 주택으로 인한 2주택

수도권 외의 읍 또는 면 지역에 소재하는 농어촌 주택과 그 밖의 일반 주택을 국내에 각각 1개씩 소유하고 있는 1세대가 일반 주택을 양도하는 경우

7. 1세대 1주택자가 취학 등의 목적으로 수도권 밖의 주택 소유로 인한 2주택

취학, 근무상의 형편, 질병의 요양 등 부득이한 사유로 취득한 수도권 밖에 소재하는 주택과 그 밖의 일반 주택을 국내에 각각 1개씩 소유하고 있는 1세대가 부득이한 사유가 해소된 날부터 3년 이내에 일반 주택을 양도하는 경우

8. 장기임대주택 소유로 인한 2주택

장기임대주택과 그 밖의 1주택을 국내에 소유하고 있는 1세대가 비과세 요건을 모두 충족하는 해당 1주택을 양도하는 경우

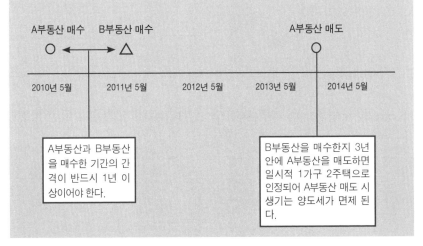

앞에서도 이야기하였지만 만약의 경우를 대비해 '일시적 1가구 2주택 양도세 면제'를 받기 위해 수성구 H아파트를 2014년 5월에 등기하였다.

H아파트의 입주기간이 2014년 2월까지였으므로 입주기간이 미루어진 약 3개월 동안 연체이자를 내야 했다. 연체이자가 10%였으므로 한 달에 약 260만 원이나 되는 큰돈이 나가게 된다.

이 경우 연체이자를 줄일 수 있는 방법이 있다. 분양가의 공급금액에서 약 85% 이하로 납부하면 등기한 것으로 간주하지 않으므로 등기를 늦추면서 더불어 연체이자까지 줄일 수도 있다. 등기를 미룰 경우 그만큼의 연체이자만 발생할 뿐 다른 부작용은 없다.

분양가는 '공급금액 90%+부가세 10%'로 이루어진다. 분양가가 3억 1000만 원이라면 공급금액은 2억 7900만 원이고, 부가세는 3100만 원이다. 즉, 2억 7900만 원의 85%인 2억 3700만 원까지만 납부하면 등기하지 않은 것으로 간주가 되어 약 4200만 원에 대한 연체이자만 내면 된다.

단, 지자체별로 공급금액의 90%로 보는 곳도 있고, 85%로 보는 곳도 있으므로 관할 구청에 확인해보고 납부하는 것이 가장 정확하다.

수성구 H아파트 53평	
분양가	3억 1000만 원
공급금액	2억 7900만 원
부가세	3100만 원
공급금액의 85%	2억 3700만 원
결과	2억 3700만 원만 납부하면 미등기로 간주. 나머지 금액 4200만 원에 대한 연체이자만 발생

Point

분양가의 공급금액의 85% 또는 90%만 납부할 시 잔금 완납으로 간주하지 않아 미등기로 간주한다.

<u>돈의 맛</u>

돈에는 2가지 맛이 있다.

우선 노스페이스 점퍼, 루이비통 핸드백, BMW 자동차 등

이러한 것들을 사면서 느끼는 돈을 쓰는 맛이 있다.

대부분의 사람들은 이 맛에만 심취해 있다.

하지만 돈에는 돈을 쓰는 맛 외에 다른 맛이 있다.

바로 돈을 모으는 맛이다.

1000만 원 모았을 때의 기쁨,

1억을 모았을 때의 쾌감,

10억을 모았을 때의 전율.

당장 한두 푼을 쓰면서 생기는

아드레날린 분비에 중독되기보다는

목표액을 설정해서 달성했을 때의

짜릿한 기쁨, 쾌감, 전율을 느껴봐야 한다.

돈을 쓰는 맛이 아닌 돈을 모으는 맛을

알아야 부자가 될 수 있다.

돈을 쓰는 맛과 돈을 버는 맛

당신은 어떤 맛에 심취해 있는가?

투자의 승패는 팔 때가 아니라
사는 순간 결정 난다

:: 무엇보다 싸게 사는 것이 중요하다

흔히 말하길 투자의 기본은 '싸게 사서 비싸게 파는 것'이라고 한다. 얼마나 싸게 사느냐가 투자에 있어서 중요하다는 의미이다. 나 역시 투자의 승패는 팔 때가 아니라 사는 순간 판가름 난다고 생각한다. 그러면 어떻게 아파트를 싸게 살 수 있을까? 나의 경우를 예를 들어보겠다.

1. 재건축 조합원 물건 — 서구의 P아파트(재건축 아파트)

2010년 2월경 신혼집을 구하기 위해 아파트를 알아보던 중 한 부동산중개소에 들렀다.

푸르미미 　소장님, P아파트 25평짜리 살려고 하는데 좋은 물건 나온 거 있습니까?

부동산 소장 　지금 접수된 물건 중에 괜찮은 게 하나 있긴 있어요. 25평인데도 남향으로 배치가 되어 있고, 층수도 로얄층인 조합원 물건이 하나 있네요. 금액은 1억 2000만 원 정도하는데 이 정도면 괜찮은 금액인 것 같네요. 주변 아파트가 25평으로 지금 1억 5000~6000만 원 정도 하니까 아주 싼 가격이죠.

푸르미미 　조합원 물건이면 세금이 많이 붙는 걸로 알고 있는데, 세금은 얼마를 내면 되나요?

부동산 소장 　세금은 약 1000만 원 정도 생각하면 될 것 같아요. 그리고 확장비용도 1000만 원 정도 들고요. 합쳐서 1억 4000만 원 정도 생각하면 되겠네요.

　　P아파트는 새 아파트이고, 주변에 경찰서, 파출소, 법원 등의 관공서가 있었다. 무엇보다 주변에 초등학교, 중학교, 도서관이 가까워 집값도 지금의 가격에서 크게 떨어지지 않을 것이라 보았다. 이러한 장점에도 불구하고 주변 아파트 대비 약 2000~3000만 원 정도 저렴해 승산이 있겠다 생각하고 계약을 하게 되었다.

　　그날 바로 매도자에게 계약금을 보냈고, 며칠 후 계약서를 쓰면서 매도자와 만나게 되었는데 매도자는 연세가 지긋하신 할머니였다. 계약을 마무리한 뒤 할머니께 궁금해서 한번 물어보았다.

푸르미미 할머니, 재건축되는 아파트에 오래 사셨나봐요?

매도자 할머니 한 10년 가까이 살았으니까 오래 살았네.

푸르미미 그런데 할머니, 재건축 되는 아파트 평가금액이 6000만 원 정도되니까 추가분담금 약 6000만 원만 내면 브랜드도 있고 새로 짓는 P아파트에 들어갈 수 있으시잖아요. 그리고 주변 다른 아파트보다도 싼 거 같은데 왜 입주하지 않고 파시나요?

매도자 할머니 추가 분담금 6000만 원을 내야 하는데 노인네가 그렇게 큰돈이 어디 있어?

자식들이 도와주지 않으시냐고 묻고 싶었지만 프라이버시에 관한 내용인 것 같아서 그냥 넘어갔다.

푸르미미 그럼 이거 팔고 어떡하시려고요?

매도자 할머니 어떡하긴 뭘 어떡해? 근처 조그만 빌라에 세 들어 살아야지.

푸르미미 아, 네.

계약을 마치고 나올 때 할머니는 수고했다고 나에게 한약 한 봉지를 주면서 건강에 좋으니까 먹으라며 건네주셨다. 감사인사를 건네고 따끈한 한약 한 봉지를 받아 마셨다.

돈을 번다는 것은 무엇일까? 때로는 생산적인 일을 해 부가가치를 만들어 돈을 벌 수도 있지만, 투자에서 돈을 버는 것은 대부분 한쪽이 돈을 잃기 때문에 다른 한쪽이 돈을 버는 제로섬 게임이 아닐까?

제로섬 게임이란, 참가자 양측 중 승자가 되는 쪽이 얻는 이득과 패자가 되는 쪽이 잃는 손실의 총합이 0(zero)이 되는 게임이다. 즉, 내가 100을 얻으면 상대가 100을 잃고, 상대가 100을 얻으면 내가 100을 잃게 된다. 한쪽이 득을 보면 다른 한쪽이 반드시 손해를 보기 때문에 치열한 대립과 경쟁을 불러일으킨다.

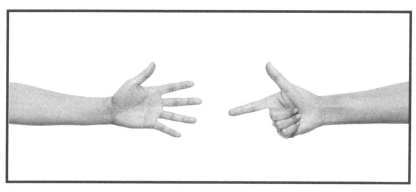

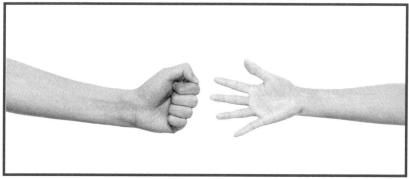

할머니의 모습이 씁쓸해 보여서 그런지 아니면 한약의 맛이 씁쓸해서 그런지 왠지 모르게 씁쓸한 기분은 쉽게 가시지 않았다.

나중에 서구의 P아파트 25평 일반 분양가는 고층 기준 1억 5000~6000만 원에 분양하였다. 나는 조합원의 물건을 1억 2000만 원에 샀으므로 일반 분양가보다 2000~3000만 원 더 싸게 샀다.

서구의 P아파트 조합원 물건
1억 2000만 원에 매수
서구의 P아파트 일반 분양
1억 5000~6000만 원에 분양

단지별 분양 가격

1단지

1단지	층	세대수	최저가	최고가
113.2671㎡ (A) 42/43평형	1~5층	17	286,000	306,000
	6~10층	17	305,000	313,000
	11~15층	19	312,000	323,000
	16~20층	16	323,000	329,000
	21층 이상	10	329,000	329,000
84.6784㎡ (B) 32평형	1~5층	일반분양 공급세대 해당없음		
	6~10층			
	11~15층			
	16~20층			
	21층 이상			
84.9305㎡ (C) 33평형	1~5층	일반분양 공급세대 해당없음		
	6~10층			
	11~15층			
	16~20층			
	21층 이상			
84.9203㎡ (D) 33평형	1~5층	53	207,000	228,000
	6~10층	45	221,000	233,000
	11~15층	30	226,000	239,000
	16~20층	16	232,000	239,000
	21층 이상	14	237,000	239,000
59.8925㎡ (E) 24/25평형	1~5층	16	141,000	157,000
	6~10층	2	157,000	157,000
	11~15층	3	153,000	154,000
	16~20층	일반분양 공급세대 해당없음		
	21층 이상			

2단지

2단지	층	세대수	최저가	최고가
113.2671㎡ (A) 42/43평형	1~5층	34	298,000	319,000
	6~10층	32	317,000	326,000
	11~15층	32	324,000	336,000
	16~20층	32	334,000	343,000
	21층 이상	5	343,000	343,000
84.6784㎡ (B) 32평형	1~5층	3	209,000	221,000
	6~10층	1	223,000	223,000
	11~15층	1	228,000	228,000
	16~20층	일반분양 공급세대 해당없음		
	21층 이상			
84.9305㎡ (C) 33평형	1~5층	6	207,000	221,000
	6~10층	5	221,000	226,000
	11~15층	5	226,000	233,000
	16~20층	5	233,000	238,000
	21층 이상	일반분양 공급세대 해당없음		
84.9203㎡ (D) 33평형	1~5층	104	206,000	233,000
	6~10층	73	220,000	237,000
	11~15층	51	225,000	237,000
	16~20층	66	232,000	244,000
	21층 이상	11	237,000	249,000
59.8925㎡ (E) 24/25평형	1~5층	10	141,000	151,000
	6~10층	5	150,000	151,000
	11~15층	1	154,000	154,000
	16~20층	2	159,000	159,000
	21층 이상	일반분양 공급세대 해당없음		

이기는 투자 1.
P아파트 25평을 사는 순간 2000~3000만 원 이기고 들어갔다.

2. 시공사 부도로 공사가 중단된 현장의 재분양 물건

- 달서구 S아파트, 수성구 H아파트

1. 달서구 S아파트

2011년 9월경, 그동안의 대구 아파트 시장이 침묵을 깨고 달서구 S아파트 청약경쟁률이 100대 1이나 된다는 놀라운 소식을 듣고, 아파트 근처 부동산중개소를 들렀다. 아니나 다를까 오전에 들렀는데도 2팀 정도가 상담하고 있었다.

푸르미미   소장님, 많이 바쁘신 모양이네요?

부동산 소장   아이고 말도 마이소. 이번에 S아파트 분양하고 문의하는 사람들이 많아서 쉬지도 못하고 일하네요.

푸르미미   저도 S아파트 문의 좀 드리려고 왔는데요.

나는 이 말을 하고 먼저 온 사람들이 상담 끝나기를 약 30분 정도 기다리고 나서야 부동산 소장과 이야기를 나눌 수 있었다.

푸르미미   S아파트 청약경쟁률이 대박이라고 하던데 무슨 일인가요?

부동산 소장   몇 년 동안 대구가 미분양의 무덤이라카고, 아파트 가격은 오르지도 않고 그대로였는데 이게 무슨 일인지 저희들도 모르겠네요.

푸르미미 태왕에서 몇 년 전에 분양하려고 하던 게 부도가 나서 다른 시행사에서 인수 후 분양하는데, 그때보다 몇 천만 원 싸게 분양한다고 하니 이 난리인 거 아닙니까?

부동산 소장 그런 것 같네요. 5년 전보다도 7000만 원 정도 싸게 분양한다고 하니 여윳돈 있으면 하나 사는 것도 괜찮을 것 같네요.

푸르미미 죽전네거리에 위치해 있고 역세권이죠. 주변에 대형마트, 수영장 등 편의시설이 많이 있고, IC도 가까이 있어서 좋고요. 그리고 무엇보다 대구 교통의 대동맥이라 할 수 있는 달구벌대로를 끼고 있는 아파트는 불패 아닌가요? 그리고 동쪽으로는 범어네거리, 서쪽으로는 죽전네거리가 교통의 중심이잖아요.

부동산 소장 저보다 더 잘 아시네요.

대화를 나누는 중에도 부동산중개소에 2팀이 더 찾아와 상담하려고 기다리고 있었다. 나는 부동산중개소를 나오면서 이제 곧 시작될 부동산 대세 상승기의 시대를 예감할 수 있었으며, 그 시발점이 될 수 있는 달서구 S아파트를 사야겠다는 마음을 먹었었다.

다음은 2006년 태왕이 분양하려던 시점에 나온 뉴스기사이다.

태왕, '용산역 태왕아너스 오블리제' 분양

태왕은 11일 달서구 감삼동 '용산역 태왕아너스 오블리제'를 분양한다. 주상복합 아파트인 '용산역 태왕아너스'는 36~87평형까지 모두 514가구 규모로 최고층 36층으로 지어지며 지하철 2호선 용산역과 죽전역 사이에 위치해 있다.

태왕 관계자는 "죽전사거리는 서부 지역 생활 중심지로 할인점과 학교, 의료 기관 등이 몰려 있어 최적의 생활 여건을 갖고 있다."며 "단지 내에 휘트니스 센터와 실내 골프장 등 부대 시설이 갖춰져 있으며 조망 및 일조권이 탁월한 단지"라고 밝혔다. 분양가는 36평대는 840만 원, 40평대는 980만 원선이다.

이 기사를 보면 알겠지만 2006년 태왕 '오블리제'의 30평대 분양가는 평당 840만 원대였다. 태왕이 부도난 후, 그 현장을 재분양한 S아파트의 평당 가격은 650만 원대였다.

2006년 태왕 오블리제
평당 840만 원대 × 36평 = 약 302,400,000
2011년 S아파트
평당 650만 원대 × 35평 = 약 22,750,000

2006년 태왕 오블리제보다 2011년 재분양한 S아파트의 가격이 약 7000만 원 정도 더 저렴하였다.

달서구 S아파트 분양가

주택형	층별	세대수	대지비	건축비	소계
46.5647	3층	1	31,162,827	83,837,173	115,000,000
	4층	1	31,162,827	88,837,173	119,000,000
	5~6층	4	31,162,827	91,837,173	123,000,000
	7~15층	18	31,162,827	95,837,173	127,000,000
	16~27층	23	31,162,827	97,837,173	129,000,000
48.2873	3층	1	32,315,654	87,684,346	120,000,000
	4층	1	32,315,654	90,684,346	123,000,000
	5~6층	4	32,315,654	95,684,346	128,000,000
	7~15층	18	32,315,654	99,684,346	132,000,000
	16~27층	23	32,315,654	101,684,346	134,000,000
59.8262	3층	4	40,039,254	104,960,746	145,000,000
	4층	4	40,039,254	109,960,746	150,000,000
	5~6층	12	40,039,254	115,460,746	155,500,000
	7~15층	54	40,039,254	119,960,746	160,000,000
84.3064	4층	2	56,420,974	165,079,026	272,500,000
	4층	2	56,420,974	163,079,026	219,500,000
	5~6층	8	56,420,974	170,079,026	226,500,000
	7~15층	36	56,420,974	177,079,026	233,500,000
	16~32층	66	56,420,974	179,079,026	234,500,000
84.3912	3층		56,471,033	156,079,967	
	4층	4	56,471,033	163,079,967	219,500,000
	5~6층	12	56,471,033	170,079,967	226,500,000
	7~15층	54	56,471,033	177,079,967	233,500,000
	16~34층	94	56,471,033	178,079,967	234,500,000
84.4883	3층	2	56,523,301	155,976,699	
	4층	2	56,523,301	162,976,699	
	5~6층	8	56,523,301	169,976,699	
	7~15층	36	56,523,301	176,976,699	
	16~32층	66	56,523,301	177,976,699	
84.2061	3층	1	56,353,850	154,146,150	
	4층	1	56,353,850	161,146,150	
	5~6층	4	56,353,850	168,146,150	

이기는 투자 2.
S아파트 35평을 사는 순간 7000만 원 이기고 들어갔다.

2. 수성구 H아파트

2013년 9월, 대구 수성구에서 우방이 공사를 하던 중 부도가 나서 공사가 중단된 채 몇 년간 방치된 아파트가 있었는데, 그 아파트를 새로운 시행사가 인수하여 재분양에 나선다는 소식을 접했다. 나는 H아파트의 모델하우스에 들렀다.

푸르미미   H아파트의 인기가 좋은 것 같은데 무슨 특별한 이유가 있나요?

모델하우스 직원   몇 년전 우방에서 분양할 때보다 몇 천만 원에서 대형평수는 1억 이상 싸게 분양을 하니깐 아주 인기가 좋습니다. 청약 경쟁율이 수십 대 1입니다.

푸르미미   지금 남아있는 평수는 몇 평대입니까?

모델하우스 직원   33평, 47평은 분양이 완료되었고, 현재 53평이 남아있습니다.

푸르미미   53평이면 3억 1000~2000만 원이네요. 그러면 우방이 분양할 때보다 53평 기준으로는 얼마가 더 저렴한가요?

모델하우스 직원   우방이 분양할 때는 4억 7000만 원 정도했습니다.

푸르미미   아! 그럼 1억 5000만 원 정도 저렴하게 분양을 하는 거네요.

모델하우스 직원   예, 맞습니다.

푸르미미   거기다 우방이 분양할 때는 사월역이 종점역이였는데, 지금은 지하철 연장이 되어서 정평역도 생겼지요. 정평역에서 도보 7분 정도 거리던데……

이렇게 이야기하면서 나는 핸드폰을 꺼냈다. 그리고 부동산 실거래가 사이트에 들어가서 주변 아파트 시세 분석에 들어갔다. 맞은편 편의시설이 밀집된 역세권 아파트 30평대가 3억을 넘어서고 있었으니 상대적으로 편의시설 등이 그곳보다는 못하더라도 금액적인 메리트는 있을 것으로 예상하였다.

그리고 몇 년 동안 이어진 부동산 침체기 속에서 대형 아파트의 공급은 전무했다. 수요와 공급의 기본적인 논리를 앞세워 대형평수의 아파트에 대한 수요가 있을 것으로 예상하였다. 나는 모델하우스를 나오면서 2년 전 달서구의 S아파트를 분양받을 때와 비슷한 묘한 데자뷰와 같은 느낌을 받았다.

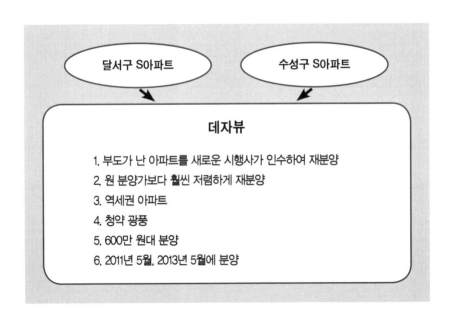

나는 집에 가서 조금 더 면밀하게 분석(주변 시세, 주변 평형별 물량, 시세 흐름, 주변 편의시설, 주변 불편사항, 향후 호재·악재 파악 등)을 한 후에 그 다음날 모델하우스에 가서 H아파트 53평을 계약하였다.

다음은 2006년 7월 7일 〈내일신문〉 기사이다.

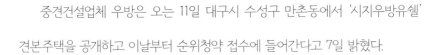

대구 '시지 우방유쉘' 11일부터 청약

중견건설업체 우방은 오는 11일 대구시 수성구 만촌동에서 '시지우방유쉘' 견본주택을 공개하고 이날부터 순위청약 접수에 들어간다고 7일 밝혔다.

지상 18층 6개동 규모로 34~53평형 510세대가 공급되며, 11일과 12일 양일 간에 걸쳐 우선순위, 1순위, 2순위, 3순위 동시 접수를 받는다. 분양가격은 34평 형 기준층이 2억 4900만 원(평당 732만 원)이며, 34평형 2억 3900만 원(702만 원)이다. 또 47평형은 4억 600만 원(864만 원)이며, 53평형 4억 7000만 원(887만 원)이다.

이 기사를 보면 알겠지만 2006년 시지 우방유쉘의 53평 분양가는 4억 7000만 원이었다. 우방유쉘이 부도가 난 후, 그 부도난 현장을 재분양한 H아파트의 53평 분양가는 3억 2000만 원이었다. 2006년 우방유쉘 아파트 분양가보다 2013년 재분양한 H아파트의 가격이 약 1억 5000만 원 정도 더 저렴하였다.

2006년 시지우방유셀 53평 분양가

4억 7000만 원

2013년 H아파트 53평 분양가

3억 2000만 원

주							최상층	77,000,000	235,000,000	508,400,000	15
주	2013000410-05	125.7560	C	101동(5,6호) 103동(5,6호)	14	54	2	1층	86,227,000	207,373,000	293,600,000	14,
							4	2층	86,227,000	214,273,000	300,500,000	15,
							44	기준층	86,227,000	218,673,000	304,900,000	15
							4	최상층	86,227,000	233,673,000	319,900,000	15
택	2013000410-06	125.3492A	D1	101동(2호) 102동(6호) 105동(4,5호)	14~16	60	4	1층	85,949,000	199,151,000	285,100,000	14
							4	2층	85,949,000	205,851,000	291,800,000	14
							50	기준층	85,949,000	212,951,000	296,900,000	14
							2	최상층	85,949,000	225,351,000	311,300,000	15
	2013000410-07	126.4774	D2	101동(3호), 102동(5호)	10~11	21	2	1층	86,722,000	202,178,000	288,900,000	14
							2	2층	86,722,000	208,978,000	295,700,000	14
							15	기준층	86,722,000	215,378,000	302,100,000	15
							2	최상층	86,722,000	230,278,000	317,000,000	15
	2013000410-08	125.3492B	D3	101동(2호), 102동(6호)	16	2	2	최상층	85,949,000	234,051,000	320,000,000	16,
	2013000410-09	134.2789	E	103동(2,3호) 104동(4,5호) 105동(4,5호)	14~18	92	3	1층	92,071,000	215,329,000	307,400,000	15
							6	2층	92,071,000	220,729,000	312,800,000	15
							77	기준층	92,071,000	231,429,000	323,500,000	16
							6	최상층	92,071,000	246,829,000	338,900,000	16

이기는 투자 3.
H아파트 53평을 사는 순간 1억 5000만 원 이기고 들어갔다.

74

3. 할인분양 물건 — 달서구 E아파트

2013년 9월에 분양받은 수성구 H아파트의 분양권 시세가 날이 갈수록 오르고 있었다. 그동안 중소형평수 아파트가 무섭게 상승하고 있었으나, 대형평수 아파트는 크게 오르지 않고 있었다.

그러나 결국에는 중소형평수의 가격 상승이 대형평수의 가격 상승으로 이어질 것이고, 그동안 대형평수 아파트 공급이 부족하여 조만간 크게 오를 것이라고 한 예상이 적중하게 되었다.

나는 2010~2013년까지 중소형 아파트의 공급 부족으로 중소형 아파트 가격이 오를 것으로 예상하여 서구 P아파트 25평, 달서구 S아파트 35평를 매수했고, 2013년 9월부터는 대형평수 아파트의 상승률이 더 클 것으로 예상하여 수성구 H아파트를 매수했다.

그리고 2014년 2월경 대형아파트의 상승이 심상치 않다는 것을 직감하고 나는 다시 한번 더 대형아파트를 사야겠다는 생각에 이르렀다. 다음 5가지 조건에 맞는 대형아파트를 구하고자 노력하였다.

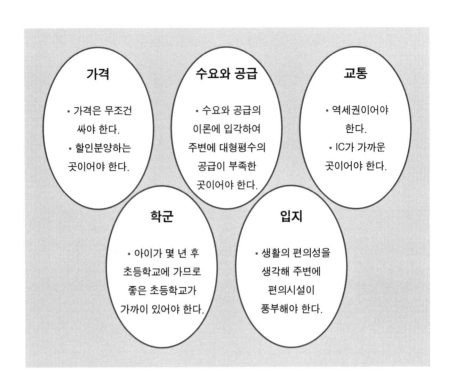

가격
- 가격은 무조건 싸야 한다.
- 할인분양하는 곳이어야 한다.

수요와 공급
- 수요와 공급의 이론에 입각하여 주변에 대형평수의 공급이 부족한 곳이어야 한다.

교통
- 역세권이어야 한다.
- IC가 가까운 곳이어야 한다.

학군
- 아이가 몇 년 후 초등학교에 가므로 좋은 초등학교가 가까이 있어야 한다.

입지
- 생활의 편의성을 생각해 주변에 편의시설이 풍부해야 한다.

위의 5가지 조건을 내걸고, 여러 부동산 사무실을 다녀보고 인터넷으로 정보를 검색해 보았다. 그리고 나의 모든 인적 네트워크를 동원하여 대형평수 아파트 할인분양하는 곳을 샅샅이 알아보았다. 그중 눈에 띈 것은 달서구의 E아파트였다. 당장 그 아파트 주변의 부동산에 들렀다.

푸르미미 소장님, E아파트 할인분양 때문에 왔습니다.

부동산 소장 현재 56평이 할인분양하고 있는데요.

푸르미미 할인분양가가 어떻게 됩니까?

부동산 소장 56평의 경우 4억 3000~8000만 원까지 하네요.

푸르미미 최초 분양가는 얼마였습니까?

부동산 소장 최초 분양가는 확장비 포함해서 5억 2500만 원 정도했습니다.

푸르미미 그러면 거의 4000만 원~1억 정도 할인하는 거네요.

부동산 소장 예, 맞습니다.

푸르미미 근데 여기 살기는 어떻습니까?

부동산 소장 역에서 도보 7분이면 되고, 단지 앞으로 편의시설이 많이 있습니다.
초등학교는 아파트 바로 옆이고, 중학교와 고등학교도 도보 10분 거리이고, IC
도 가깝고 이 정도면 살기 아주 좋은 곳이지요. 아파트 동간 거리도 넓고, 주로
남향으로 배치가 되어 있으며, 조경도 잘 꾸며놓았습니다.

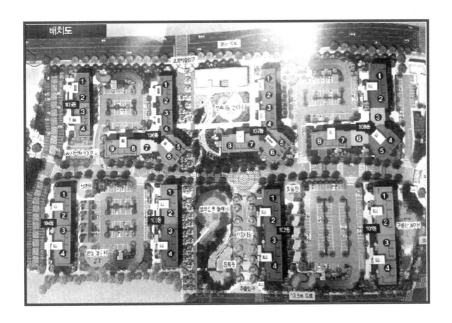

나는 수성구 53평 대형평수의 아파트의 시세가 점점 가파르게 오르는 것을 몸소 느끼고 있었으며, 학군이 좋고 대형평수의 공급이 부족한 곳에도 그 상승의 파도가 올 것이라는 확신이 들었다.

그날 저녁 집으로 돌아와 조금 더 면밀히 분석한 후, 다음날 달서구 E아파트 56평을 계약하였다(2014년 2월경).

다음은 달서구 E아파트의 2006년 당시 최초 분양가 가격표이다.

그리고 다음은 달서구 E아파트의 할인분양가 가격표이다.

	최초분양가	확장비	합계	층수	할인분양가
56평	515,000,000	10,780,000	525,780,000	2층	430,000,000
				3~5층	440,000,000
				6~10층	460,000,000
				11~15층	470,000,000
				16~20층	480,000,000
				21층 이상	485,000,000
65평	595,000,000	11,286,000	606,286,000	3~5층	480,000,000

2006년 E아파트	
56평 최초 분양가	5억 2500만 원
2014년 E아파트	
56평 할인 분양가	4억 3000만 원(저층)

이기는 투자 4.
E아파트 56평을 사는 순간 1억 원 이기고 들어갔다.

모든 할인분양 아파트라고 해서 미래에 가치가 상승하는 것은 아니다. 따라서 아파트를 현재의 가치가 아닌 미래의 잠재 가치가 있는 미분양 아파트인지를 분석해 보아야 한다. 단순히 분양가보다 싼 미분양 아파트를 사는 것이 아니라, 지금은 저평가가 되어 있지만 개발호재 등으로 향후 제대로 평가받아 수요가 몰릴 수 있는 아파트를 사는 것이 정답이다.

다시 한번 강조하지만 투자는 파는 순간 승패가 결정 나는 것이 아니라 사는 순간 이미 승패가 판가름이 난다. 이 물건을 사서 오르면 얼마나 좋을까라고 기다리는 투자는 이미 실패한 것과 같다. 사는 순간 이기고 들어가는 게임의 법칙을 아는 것이 중요하다. 즉, 아파트를 싸게 살 수 있는 방법과 안목을 길러야 한다.

현재 대구의 부동산이 상승기라서 예전 미분양이 넘치던 시절처럼 아파트를 싸게 살 수 없다는 생각이 들 수도 있을 것이다. 하지만 2010년 2월에 내가 첫 아파트를 산 이후부터 그리고 2014년 2월에 달서구 E아파트를 사고 난 이후에도 기회는 항상 있었다. 그것이 기회인지 아닌지 볼 수 있는 안목을 가지고 있느냐 없느냐의 문제이다.

어느 공이 가장 높게 튀어 오를까?

여기에 야구공, 농구공, 배구공, 볼링공, 골프공, 탁구공 등

다양한 공이 있다.

수많은 공 중에 어떤 공이 가장 높게 튀어 오를까?

공에 대한 지식이 전무한 사람은 자신의 감을 믿고 선택할 것이다.

또는 어처구니없게도 가장 예쁜 공을

선택할 수도 있을 것이다.

혹은 소문에 볼링공이 탄력성이 좋다는

이야기를 듣고 그 공을 선택할 수도 있을 것이다.

경험과 지식이 없으면

자신의 감을 너무 신봉하게 되거나,

자기만의 독특한 관점으로 어처구니없는 선택을 하는 개똥철학가가

되기도 하며,

남들의 이러쿵저러쿵하는 이야기에 흔들리는

팔랑귀가 될 수 있다.

하지만 예전에 공을 튕겨 본 적이 있는 사람은 경험을 바탕으로

가장 많이 튕겨 올라가는 공을 선택을 할 것이다.

꼭 경험이 없다고 하더라도 서적이나 관련자료를 통해

공의 재질과 탄력성을 연구한 사람들은

가장 높게 튕겨 올라가는 공을 선택할 수 있을 것이다.

모든 공들은 특성상 바닥에 닿는 순간 지면 위로 튀어 오른다.

그러나 어떤 공이냐에 따라서 튀어 오르는 높이는 큰 차이가 난다.

자, 당신 앞에 다양한 종류의 수많은 공들이 놓여 있다.

'어느 공이 가장 높게 튀어 오를까요?'라는 질문을 받는다면

과연 당신은 어떤 공을 어떻게 선택할 것인가?

이사하는 횟수만큼
부도 늘어난다

:: 만약 이사하지 않았을 경우 vs 적극적으로 이사한 경우

사람들은 보통 자기가 계속 생활해온 곳에서 벗어나는 것을 두려워한다. 때로는 귀찮아서 때로는 계속 살아온 곳에 익숙해져 새로운 곳으로 떠나지 못한다. 하지만 재테크적인 측면에서는 한곳에 계속 머무르는 것은 바람직하지 않으며, 발전 가능성이나 개발호재가 있는 곳으로 이사를 하면서 꾸준히 옮겨 다니는 것이 맞다.

나의 경우를 들어 만약 이사하지 않고 한곳에 머물렀을 경우와 개발호재가 있는 또는 저평가되었다고 생각한 곳으로 계속 이사를 한 경우를 비교해보면 다음과 같다.

만약 이사하지 않았을 경우

2010년 2월에 1억 4000만 원을 주고 산 서구의 P아파트에서 이사를 하지 않고 계속 살고 있다고 가정해보자. 현재 서구의 P아파트 시세는 다음과 같다.

2014년 11월 서구 P아파트 25평 시세

매매	확인매물 14.10.06	남향 1층확장 인테리어된 예쁜집	82E/59	304동	1/11	**23,000** 매경부동산
매매	확인매물 14.09.29	뉴대우,301동,4층,기본형,일부전망가능	82E/59	301동	4/18	**24,000** 부동산뱅크
월세	확인매물 14.10.03	전망있는집 11월이사가능	82E/59	209동	11/19	**2,000/800** 부동산써브
매매	거래완료 14.09.28	감사합니다 거래완료되었습니다.	82E/59	209동	10/19	**23,300** 부동산뱅크
매매	거래완료 14.09.20	감사합니다 거래완료되었습니다.	82E/59	106동	10/15	**24,000** 부동산뱅크
매매	거래완료 14.09.25	올확장된 남향에 앞쪽이 탁트인 전망 좋...	82E/59	103동	11/15	**23,500** 매경부동산

2014년 11월 현재 서구의 P아파트 25평의 경우 2억 3000~4000만 원에 물건들이 나오고 있다. 2010년 매매를 했을 때 보다 약 1억 정도 가격이 상승하였다.

만약 내가 서구의 P아파트를 산 뒤 이사하지 않고 머물렀을 경우, 시세 2억 3000~4000만 원 나가는 25평 아파트를 보유하고 있게 된다.

적극적으로 이사한 경우

2010년 2월, 1억 4000만 원에 매매한 25평짜리 서구의 P아파트를 시작으로 한곳에 머무르지 않고 적극적으로 이사하여 돈 한 푼 안 들이고, 현재 2015년 6월 입주 예정인 달서구의 E아파트 56평까지 올 수 있었다.

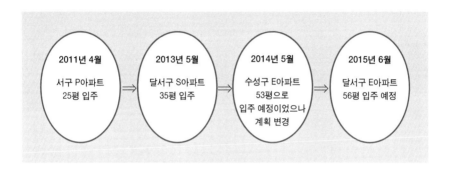

2014년 11월 현재 달서구 E아파트 시세

매매	확인매물 14.10.11	올확장,중문,전세안고 20157월 전망최고	187/155	108동	18/29	**53,500** 매경부동산
매매	확인매물 14.10.11	확장	187/155	102동	11/25	**53,000** 부동산114
매매	확인매물 14.10.11	확장	187/155	102동	19/25	**54,000** 부동산114
매매	확인매물 14.10.11	올확장,이사협의	187/155	102동	11/25	**53,000** 매경부동산 외 ▼
매매	확인매물 14.10.10	11월말이후이사	187/155	103동	11/25	**54,000** 매경부동산
매매	확인매물 14.10.07	확장	187/155	102동	19/25	**54,000** 부동산114

달서구의 E아파트는 2014년 11월 현재 5억 3000~4000만 원 정도 시세를 형성하고 있다. 결과적으로 지난 4~5년간 개발 가능성과 개발호재가 있는 곳으로 적극적으로 이사하여 돈 한 푼 안 들이고도 20평대 아파트에서 50평대로 이사할 수 있게 되었다.

이사를 하지 않고 한곳에 머물렀을 경우와 적극적으로 이사를 하였을 경우 금액의 차이는 무려 3억 원 이상이었다. 발품비, 취득세, 이사비, 부동산비 등을 제외한다고 하더라도 말이다.

:: 개발호재가 있는 곳으로 적극적으로 이사하라

25평에서 시작하여 56평까지 지난 4~5년간 아파트 갈아타기를 계속 해오고 있다. 소형평수의 공급이 부족하다는 판단이 섰을 때 과감하게 소형평수의 아파트를 샀고, 앞으로 역세권의 중형평수 아파트가 부족할 것이라는 판단이 섰을 때는 과감하게 역세권의 중형평수 아파트를 매수했다. 또한 앞으로 대형평수의 공급이 부족할 것이라고 생각이 들었을 때는 과감하게 대형평수의 아파트를 샀다. 즉, 앞으로 가격 상승의 여력이 있는 아파트로 갈아타기를 한 것이었다. 그렇다면 아파트 갈아타기가 중요한 이유를 내가 지금껏 매수한 아파트들의 현재 시세를 보면서 자세히 알아보도록 하자.

2014년 11월 현재 서구 P아파트 25평 시세

매매	확인매물 14.10.06	남향 1층확장 인테리어된 예쁜집	82E/59	304동	1/11	23,000 매경부동산
매매	확인매물 14.09.29	뉴대우,301동,4층,기본형,일부전망가능	82E/59	301동	4/18	24,000 부동산뱅크
월세	확인매물 14.10.03	전망있는집 11월이사가능	82E/59	209동	11/19	2,000/800 부동산써브
매매	거래완료 14.09.28	감사합니다 거래완료되었습니다.	82E/59	209동	10/19	23,300 부동산뱅크
매매	거래완료 14.09.20	감사합니다 거래완료되었습니다.	82E/59	106동	10/15	24,000 부동산뱅크
매매	거래완료 14.09.25	올확장된 남향에 앞쪽이 탁트인 전망 쭉...	82E/59	103동	11/15	23,500 매경부동산

약 2억 2000~4000만 원에 시세가 형성되어 있다.

2014년 11월 현재 달서구 S아파트 35평 시세

매매	확인매물 14.09.25	삼정브리티시용산 15년11월말세안고 인수하실분,전망,일조굿	116A/84	103동	24/34	35,800 조인스랜드
매매	거래완료 14.10.06	삼정브리티시용산	116A/84	104동	27/34	36,000 부동산써브

약 3억 3000~6000만 원에 시세가 형성되어 있다.

2014년 11월 현재 수성구 아파트 53평 시세

매매	확인매물 14.10.10	시지한신휴플러스 □ 올확장.내장에어컨.중문사월역6분.손댈곳...	178E/134	106동	8/16	↑47,000 부동산114
매매	확인매물 14.10.04	시지한신휴플러스 □ 수성구 최고학군	178E/134	103동	13/18	45,000 부동산써브
매매	확인매물 14.10.03	시지한신휴플러스 □ 올확장.이사협의	178E/134	106동	13/16	45,000 부동산114
매매	확인매물 14.09.30	시지한신휴플러스 □ 올확장.일조권좋음	178E/134	106동	7/16	45,000 매경부동산
매매	확인매물 14.09.25	시지한신휴플러스 □ 올확장.전체시스템에어콘.중문등	178E/134	106동	8/16	45,000 매경부동산

약 4억 3000~7000만 원에 시세가 형성되어 있다.

2014년 대구 수성구 수성그린타운 실거래가

매매	확인매물 14.10.11	올확장.중문.전세안고2015년7월 전망최고	187/155	108동	18/29	53,500 매경부동산
매매	확인매물 14.10.11	확장	187/155	102동	11/25	53,000 부동산114
매매	확인매물 14.10.11	확장	187/155	102동	19/25	54,000 부동산114
매매	확인매물 14.10.11	올확장.이사협의	187/155	102동	11/25	53,000 매경부동산 외 ▼
매매	확인매물 14.10.10	11월말이후이사	187/155	103동	11/25	54,000 매경부동산
매매	확인매물 14.10.07		187/155	102동	19/25	54,000

약 5억 2000~4000만 원에 시세가 형성되어 있다.

내가 지금껏 매매했던 아파트들의 2014년 11월 현재 시세를 조사한 이유는 다음을 보면 알 수 있다.

서구의 P아파트(25평)

2010년 2월	2013년 5월	2014년 11월 현재 시세	13년 5월~14년 11월 상승 금액
1억 4000만 원에 매수	2억 1000만 원에 매도	2억 3000만 원 정도	2000만 원 상승

달서구의 S아파트(35평)

2011년 9월	2013년 5월	2014년 11월 현재 시세	13년 5월~14년 11월 상승 금액
2억 2000만 원에 매수	2억 7000만 원 시세 형성	3억 3000만 원 정도	6000만 원 상승

수성구의 H아파트(53평)

2013년 5월	2013년 9월	2014년 11월 현재 시세	13년 9월~14년 11월 상승 금액
3억 1000만 원에 분양	3억 1000만 원에 미분양 분양권 구매	4억 3000만 원 정도	1억 2000만 원 상승

달서구의 E아파트(56평)

2006년	2014년 2월	2014년 11월 현재 시세	14년 2월~14년 11월 상승 금액
5억 2000만 원에 분양	4억 3000만 원에 분양받음	5억 3000만 원 정도	1억 원 상승

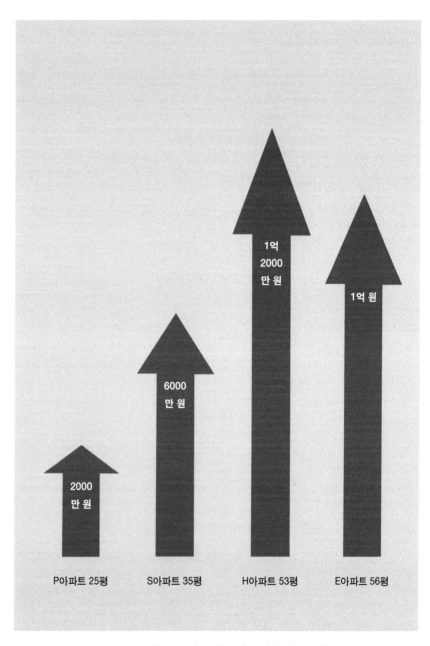

2013년 5월~2014년 11월 기간 동안의 상승금액

서구 P아파트의 경우,

2013년 5월에 2억 1000만 원에 매도한 아파트의 시세가 2014년 11월 현재 2억 3000~4000만 원 정도의 시세로 1년 6개월이 지난 현재 약 2000만 원 정도 올랐다.

달서구 S아파트의 경우,

2013년 5월에 약 2억 7000만 원 정도에서 2014년 11월 현재 3억 3000만 원 정도의 시세로 같은 기간 약 6000만 원 정도 올랐다.

수성구 H아파트의 경우,

2013년 5월에 53평의 경우 분양가가 3억 1000만 원이었는데, 그해 9월에 미분양으로 3억 1000만 원에 매수하였다. 2014년 11월 현재 시세가 4억 3000만 원이고, 같은 기간 약 1억 2000만 원 정도 올랐다.

달서구의 E아파트의 경우,

2014년 2월에 56평 할인분양을 받아서 4억 3000만 원에 구매를 하였는데, 2014년 11월 현재 5억 3000만 원 시세를 형성하고 있어서 같은 기간 약 1억 원 정도 올라있는 상태다.

간단히 요약하면 2013년 5~11월까지 같은 기간

서구의 P아파트는 2000만 원,

달서구의 S아파트는 6000만 원,

수성구의 H아파트는 1억 2000만 원,

달서구의 E아파트는 1억 원 정도 올랐다.

대구 내에서도 지역별로 아파트 가격상승율은 이렇게 차이가 많이 난다. 부동산 상승기에는 대부분의 아파트 가격이 오르지만 먼저 오르는 지역과 나중에 오르는 지역이 있고, 상승률 또한 다르기 때문이다. 한 아파트에 계속 머무르는 것이 아닌 오를 수 있는 아파트에 갈아타야 하는 이유가 바로 여기에 있다.

:: 부동산 호재 요소

① 지하철 연장

살고 있는 아파트 근처에 지하철이 새로 생긴다는 것은 부동산에서 최고의 호재다. 그만큼 교통이 편리해지고, 새로 생긴 역 주변으로 다양한 편의시설들의 개발이 진행되어 자연스럽게 아파트의 가치가 올라가기 때문이다.

대구의 경우, 2013년 지하철 1호선이 안심에서 하양까지 연장 사업이 확정되어 하양 부근의 아파트 시세가 가파르게 상승하고 있는 중이다. 다음은 2013년 12월 27일 〈중앙일보〉 기사이다.

대구지하철 안심~하양 1호선 연장 사업 확정

대구도시철도 1호선 하양 연장사업이 첫발을 뗐다. 26일 경북도에 따르면 대구·경북의 상생협력 사업으로 추진해 온 대구도시철도 1호선 연장사업이 예비타당성조사를 통과했다. 대구시 동구 안심에서 경북 경산시 하양읍까지 잇는 대구도시철도 1호선은 총 연장 8.77km로 2789억 원이 투입되는 대구·경북의 광역교통망 구축의 일환이다.

그동안 대구도시철도 1호선 하양 연장사업은 경산 하양지역의 대학생과 통근 근로자의 교통 편의를 위해 추진되어 왔다. 기획재정부는 2008년 예비타당성조사를 실시했으나 경제성이 낮다는 이유로 보류한 바 있다. 기획재정부는 이후 경북도의 사업 재추진 요청을 받고 예비타당성조사를 재차 실시한 결과 이번에 사업이 확정됐다.

경북도는 내년에 설계비 50억 원을 확보해 기본계획과 실시설계를 동시에 진행키로 했다.

지하철이 연장이 되어 하양역이 들어오는 지역인 '경산하양 롯데 낙천대' 아파트의 실거래가를 지하철 연장이 발표 나기 전과 지금의 시세를

비교해보자.

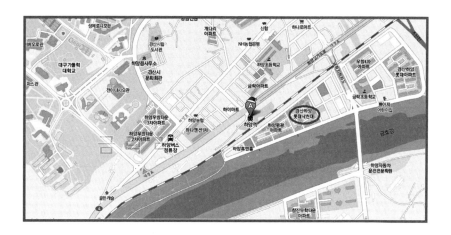

지하철 연장이 발표 나기 전

단지	번지	전용 면적	10월		11월		12월		건축 년도
			계약일	거래금액 (층)	계약일	거래금액 (층)	계약일	거래금액 (층)	
		59.97	11~20	16,200 (4)	11~20	17,000 (19)	11~20	17,100 (15)	
					21~30	16,900 (12)	21~31	14,000 (2)	
양2차롯데낙천대	407-1							17,200 (9)	2006
		84.97	11~20	19,500 (13)					
		113.92					11~20	29,000 (4)	

지하철 연장 발표 후

단지	번지	전용 면적	10월		11월		12월		건축 년도
			계약일	거래금액 (층)	계약일	거래금액 (층)	계약일	거래금액 (층)	
		59.97	1~10	17,900 (17)					
하양2차롯데낙천대	407-1			17,800 (20)					2006
		113.92	11~20	34,500 (9)					

2013년 12월에 전용면적 113㎡의 경우 2억 9000만 원에 거래가 되었으나, 지하철 연장 발표가 나고 1년 후인 2014년 10월에 3억 4500만 원에 거래가 되었다. 1년 만에 5000만 원이 넘는 상승을 보이고 있다.

② 기업 입주

살고 있는 아파트 주변에 큰 기업이 들어오면 그 기업에 소속된 많은 근로자들이 그 주변의 아파트에 거주하게 된다. 자연스럽게 아파트에 대한 수요가 증가하게 된다.

대구의 경우, 침산동 옛 제일모직터에 삼성의 창조경제 타운이 들어온다는 뉴스에 침산동과 근처 칠성동 아파트 가격이 가파르게 상승 중이다. 다음은 2014년 9월 16일 〈이투데이〉 기사이다.

제일모직터에 창조경제 둥지 튼다

대구 북구 옛 제일모직터가 '대구 창조경제단지'로 새롭게 조성된다. 청와대와 대구시 등에 따르면 삼성그룹과 대구시는 15일 대구창조경제혁신센터 개발계획을 포함한 양해각서(MOU)에 서명했다.

옛 제일모직 부지(연면적 4만 1930m²)에 설립되는 대구 창조경제단지에는 창업보육을 담당하는 스타트업 지원센터, 문화예술창작센터, 소호(SOHO) 오피스 등 19개 동 시설이 들어설 예정이다. 또 삼성 창업관을 신축하고 그룹의 시초가 됐던 삼성상회 건물도 복원한다.

제일모직은 1954년 고(故) 이병철 삼성 창업주가 대구 침산동에 설립한 공장에서 출발했다. 1995년 제일모직 대구공장이 구미공장과 통합해 이전하면서 지금까지 빈 땅으로 남아 있었다. 이번 MOU 체결로 할아버지 고 이병철 창업주가 사업을 일으킨 땅을 손자인 이재용 삼성전자 부회장이 재개발하게 된 것이다.

삼성은 2015년 1월부터 2016년 12월까지 기존 건물 리모델링 등을 위해 총 900억 원을 투입, 단지조성을 완료할 계획이다. 또 대구 창조경제단지가 완공되면 창조경제 생태계 조성을 위한 구심점 역할을 수행 중인 대구창조경제혁신센터도 이곳에 옮길 예정이다.

이에 삼성그룹 창업지라는 상징성을 가진 대구에 창업·벤처와 문화공간 등을 포함한 융·복합 비즈니스 모델 단지인 랜드마크가 들어서게 됐다.

이날 대구에서 열린 창조경제혁신센터 확대 출범식에는 박 대통령과 이재용 부회장이 참석해 부지를 시찰했다. 시찰 중 박 대통령은 부친인 박정희 전 대통령이 재직 중 제일모직을 세 차례 방문했을 때 찍은 사진 3장에 대한 설명을 듣기도 했다.

박 대통령은 "대구지역 창조경제는 이곳 대구에서 시작해 세계적 기업으로 성장한 삼성이 든든한 멘토와 등대와 같은 역할을 해 새롭게 일으킬 것"이라고 말했다.

단지	번지	전용 면적	7월		8월		9월		건축 년도
			계약일	거래금액 (층)	계약일	거래금액 (층)	계약일	거래금액 (층)	
성광우방타운	127	59.9	1~10	17,350 (16)	1~10	16,700 (3)	11~20	17,700 (20)	1996
				17,500 (15)	11~20	18,200 (14)		18,300 (18)	
			11~20	17,150 (20)		17,200 (12)		18,200 (20)	
				17,950 (20)	21~31	17,300 (7)		17,600 (4)	
			21~31	17,400 (14)			21~30	19,300 (19)	
								17,600 (17)	
		84.93	1~10	20,000 (4)	21~31	20,300 (13)	1~10	24,500 (10)	
				20,000 (10)				21,950 (7)	
			21~31	21,200 (4)			11~20	22,000 (11)	
								22,100 (19)	
		134.98					1~10	23,800 (2)	
							11~20	29,850 (15)	

삼성 경제타운이 들어온다는 뉴스가 9월 9일에 났는데, 8월과 비교해 불과 한달 만에 2000~4000만 원까지 오른 것을 확인할 수 있었다. 지금도 꾸준히 상승 중이다.

③ 학교 건설

살고 있는 아파트 근처에 학교가 새로이 건설이 된다면 학부모의 입장에서는 가장 반기는 뉴스가 될 것이다. 어린 자녀가 있는 부모의 경우 초등학교나 중학교가 근처에 있으면 마음이 놓이고, 학생들 입장에서도 버스나 지하철 이용 없이 통학이 가능하다는 장점이 있다.

대구의 경우 경산 신대부적지구 내에 초등학교 건설이 확정이 되어서 신대부적지구 내에 있는 아파트들의 시세가 가파르게 상승하고 있는 중이다.

다음은 2014년 2월 27일 〈한국일보〉 기사이다.

경산 신대·부적지구 우미 린(Lynn) 분양

우미건설은 경북 경산시 압량면 신대·부적지구 1-2블록에 '경산 신대·부적지구 우미 린(Lynn)'을 분양한다고 26일 밝혔다.

지하 1층~지상 20층, 6개 동으로 전용면적 73m² 186가구, 84m² 259가구 등 445가구의 중소형 중심으로 구성됐다.

신대·부적지구는 45만 1,746m² 규모의 대단위 택지개발지구로, 대구도시철도 2호선 영남대역에서 1km 남짓 거리인데다 3,300여 가구가 들어설 예정이어서 경산의 신 주거지로 각광받고 있다. 전 세대를 남향으로 배치하고, 최근 인기를 끌고 있는 판상형 4베이 구조로 설계했다. 휘트니스센터와 실내골프연습장, Lynn 카페, 남녀구분 독서실 등의 커뮤니티시설도 설치한다.

단지 바로 옆에 초등학교 신설이 계획되어 있고, 경산과학고도 반경 2km 이내에 있다. 인근에 대형마트와 우체국, 면사무소, 파출소 등 각종 편의시설이 인접해 편리한 생활환경을 누릴 수 있다.

교통도 다른 어느 지역보다 편리한 편이다. 도시철도 2호선까지 걸어서 10분 거리이며, 달구벌대로-대학로, 경부고속도로 경산 IC와 경산·대구의 주요기점을 연결하는 교통의 요충지에 있다. 이러한 교통환경에 힘입어 경산지식산업지구, 경산 1·2·3산업단지 등의 배후 주거타운으로 주목받고 있다.

신대부적지구 내에 분양한 우미린의 경우 현재 1년간 전매제한이 걸려 있어서 정확한 시세를 알기 어렵다. 같은 지구 내에 먼저 분양한 경산코아루의 경우 1년이 지나서 지금 분양권이 활발히 거래되고 있다. 다음은 경산코아루의 분양가이다.

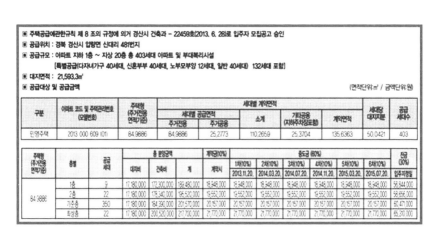

다음은 경산코아루의 2014년 12월 현재 분양권 시세이다.

매매	확인매물 14.12.16	경산코아루 복층, 조망좋음, 확장비 별도	110/84	104동	19/19	**25,770** 매경부동산
매매	확인매물 14.12.10	경산코아루 앞동, 조망, 확장911만원별도	110/84	105동	10/18	**24,157** 부동산써브
매매	확인매물 14.12.10	경산코아루 조용하고 조망은 굿, 확장911만원별도	110/84	103동	14/18	**24,057** 부동산써브
매매	확인매물 14.12.10	경산코아루 저렴함. 확장비별도	110/84	103동	10/18	**23,157** 부동산써브

초등학교 건설 등의 여러 호재로 인하여 분양한지 1년이 지난 현재 3000~4000만 원의 프리미엄이 형성되어 있는 것을 알 수 있다.

④ 상가 등의 편의시설 건설

살고 있는 아파트 주변에 상가 건설이 활발히 이루어지면 상가 내의 다양한 편의시설이 생기므로 그 주변의 아파트 가치가 상승하게 된다.

대구의 경우, 월성네거리에 주변에 오랫동안 상가부지가 공터로 방치되어 있었는데, 최근 상가건설이 활발히 이루어지고 있다. 그동안 월성네거리에서 좌측에 있는 아파트들의 경우 주변에 상가 등이 부족하여 불편했다. 그 점이 아파트 시세에도 반영이 되었으나, 상가 건설이 시작됨과 동시에 월성네거리 주변의 아파트들이 가파르게 상승하고 있다.

다음은 2014년 11월 20일 〈매일경제〉 기사이다.

대구 월배지구 마지막 중심상권 첫 주자, 신월성 에코시티 분양

오는 27일부터 대구 월배지구의 마지막 중심상권이라고 할 수 있는 '신월성 에코시티'가 분양에 들어간다. 이곳은 주변 반경 3km 내에 43만여 배후세대가 밀집하고 있으며 성서산업단지와 신천대로, 달구벌대로, 도시철도 1호선, 남대구 IC 등 교통 요충지에 자리잡고 있다.

한국 감정원이 최근 조사한 올해 3분기 빌딩 임대동향을 보면 대구에서는 롯데백화점 상인점과 서부시외버스터미널, 월배지구 아파트단지(약 1만여 가구)가 밀집한 대구 상인동, 월배동이 공실률(6.2%)과 투자수익률(연 7.29%)이 양호한 것으로 조사됐다.

신월성 에코시티는 지역 최대의 학원수요와 메디컬센터 입점 확정 등으로 3층과 4층은 의료상가 커뮤니티가 생성될 것으로 기대된다.

무엇보다 다른 상가보다 1층 층고가 높은 5.4m 층고로 품격과 실속을 갖췄다. 에스컬레이터 2층 연결과 지하 3층 규모(155대)의 지역 최대 주차장도 완비했다.

신월성 에코시티는 2620여 m² 대지면적에 1만 7000여 m² 상가면적이다. KB부동산신탁의 자금관리와 대림종합건설이 책임준공한다. 계약금10%, 중도금 전액무이자, 전매무제한 등의 혜택으로 투자자들의 부담도 덜었다.

부자가 되는 법

인터넷을 검색하다가 재미있는 글을 발견했다. 간단히 옮겨 본다.

어떤 평범한 사람이 부자를 찾아가 물었다.

"어떻게 하면 부자가 될 수 있습니까?"

"부자가 되는 비결은 간단합니다. 개처럼 한 발을 들고 오줌을 누면 됩니다."

"네? 어떻게 사람이 개처럼 오줌을 쌀 수 있지요?"

"할 수 없다는 그 생각을 버려야 성공합니다. 사람다운 짓을 하려고 폼만 잡

다가 바닥을 기지 못하면 절대 돈이 보이지 않게 되지요."

돈 한 푼 안들이고
목표하는 아파트를 쟁취하는 법

:: **목표 달성을 위한 나만의 로드맵을 짜라**

수많은 성공 관련 책들을 보면 공통적으로 이야기하는 것이 있다.

1. 목표를 구체적이고 자세하게 설정하라.

2. 목표를 잊어버리지 않도록 잘 보이는 곳에 붙여라.

3. 자신의 성공한 모습을 상상하고 이미지화시켜라.

4. 반드시 목표를 이룰 수 있다고 자신감을 가져라.

나는 '돈 한 푼 안 들이고 20평대에서 50평대로 갈아타기'라는 목표
를 세우고, 이를 이루기 위해 다음과 같이 목표 달성 6단계를 만들었다.

목표 달성을 위한 6단계		
1단계	목표 설정	4년마다 무리한 목표 설정
2단계	보다	견물생심을 이용한 자극
3단계	듣다	귀동냥 전략
4단계	느끼다	상상력 극대화
5단계	몰입	앞만 보고 달리기 전략
6단계	목표 달성	골인

① 목표 설정(4년마다 무리한 목표 설정)

스포츠를 좋아하는 나에게 월드컵은 지구촌의 축제일뿐만 아니라 일생일대의 큰 축제이기도 하다. 월드컵을 즐긴 후에는 다음 월드컵이 열리는 4년 후를 손꼽아 기다리게 된다.

문득 다음 월드컵이 열리는 4년을 무작정 기다리는 것보다는 그 기간 동안 조금 더 의미 있는 시간을 보내면 좋을 것 같았다. 그 전 월드컵 때보다 더 발전되어 있는 나 자신이 되자고 결심했다. 그래서 월드컵이 끝나면 목표를 설정하고 4년 후 월드컵이 열리는 날까지 목표 달성을 위해 열심히 노력했다.

2002년 한일 월드컵 이후, 다음 월드컵에서는 '외국계 기업에 입사하자'는 목표를 설정하였고, 열심히 노력한 결과 2006년 독일 월드컵이 열리는 해에 미국계 회사에 취직을 할 수 있게 되었다.

2006년 독일 월드컵 이후, 2010년 남아공 월드컵에는 행복한 결혼 생활을 위한 우리들만의 보금자리를 만들자는 목표를 설정하였고, 2010년 서구의 P아파트 25평을 매수하면서 목표를 달성하였다.

2010년 남아공 월드컵 후, 2014년 브라질 월드컵에는 조금 더 넓은 아파트에서 살면 좋겠다는 생각에 50평대 아파트로 이사를 가겠다는 목표를 설정하였고 2014년 2월에 달서구의 E아파트를 매수하면서 목표를 달성하였다.

취직난이 극심한 2006년경에 외국계 기업에 입사하는 것은 생각보다 쉽지가 않았으나 높은 경쟁률을 뚫고 목표를 설정한지 4년 안에 미국계 기업에 취직할 수 있었다. 그리고 부모님의 도움 없이 내 힘으로 25평짜리 새 아파트를 사서 결혼한다는 목표는 젊은 나이에 쉽지 않을 거라고 주변에서 이야기를 많이 하였으나 열심히 노력한 결과 4년 안에 목표 달성할 수 있었고, 20평대 아파트에서 4년 안에 50평대 아파트로 옮겨간다는 목표 또한 주변에서 불가능하다고 말들을 많이 하였으나 열심히 노력한 결과 4년 안에 목표 달성을 할 수 있었다.

기간	목표	달성
2002년 한일 월드컵 이후~	외국계 기업 입사	2006년 미국계 회사에 취업
2006년 독일 월드컵 이후~	나의 힘으로 신혼집 장만	20010년 서구의 P아파트 25평 매수
2010년 남아공 월드컵 이후~	50평대 아파트로 이사	2014년 달서구의 E아파트 56평 매수

무난한 목표를 설정하고 안주하는 것보다는 남이 보기에도 조금은 무리하다고 싶을 정도의 목표를 설정하여 그것을 달성하기 위해 긴장감 있게 노력해 나가는 것이 좋을 것 같았다. 80을 목표로 하여 80을 달성하는 것 보다는 150을 목표로 하여 거기까지는 아니더라도 100을 달성하는 것이 결과적으로는 이득이라는 생각이 들었던 것이다. 목표를 설정할 때는 너무 장기간의 목표는 집중력이 떨어질 수 있으므로 3~4년 정도가 적당하다.

2014년 월드컵이 개최된 올해, 2018년 러시아 월드컵 때까지 새로운 목표를 설정하였다. 그 목표 또한 지금 이야기하면 대부분의 사람들은 무리라고 생각할 것이다.

지금껏 그렇게 해온 것처럼 150 정도의 목표를 설정하였다. 노력하다

보면 150을 달성할 수도 있을 것이고, 운이 좋으면 200도 달성할 수 있을 것이다. 그것도 아니라면 100을 달성한 것에 만족할 것이다.

다음 월드컵까지 4년간 새로운 목표를 세우고 달성을 위해 노력한다.

② 보다(견물생심을 이용한 자극)

2010년 당시 그 어떤 아파트보다 달서구의 W아파트가 눈에 쏙 들어왔다. 꿈의 아파트 내부를 한번 보고 싶다는 생각이 며칠 동안 머릿속을 떠나지 않았고, 도저히 안 보고는 안 될 것 같아서 W아파트 앞 부동산중개소에 전화를 걸었다. 물론 당장 살 형편은 되지 않았다.

푸르미미 W아파트 매물 나온 게 있습니까?

부동산 소장 매물 나온 게 몇 개 있기는 합니다.

푸르미미 아파트 한번 볼 수 있을까요?

당당하게 물건을 한번 보자고 이야기하였다.

부동산 소장 집주인한테 전화 한번 해보고 연락드릴게요.

잠시 후 부동산 소장한테서 전화가 왔다.

부동산 소장 집주인이 지금 보여줄 수 있다고 하니깐 집 보러 지금 바로 오이소.

푸르미미 알겠습니다. 지금 바로 그리로 가지요.

꿈의 아파트의 내부를 볼 수 있다는 기대감에 부리나케 달려갔다.

부동산 소장 생각보다 젊은 분이시네요?

그때 나이가 30대 초반이었으니 부동산 소장 입장에서는 젊은 사람
이 이렇게 고급 아파트를 살 여력이 되는지 의구심이 들었을 것이다.

푸르미미 젊게 살려고 노력하니 젊어 보이는 거지요.

나는 대충 얼버무려 대답하였다. 먼저 부동산 소장이 아파트의 커뮤니티 시설을 간단히 소개해주었다. 커뮤니티 시설도 다양하고 화려하였다.

커뮤니티 시설을 본 후에 아파트 내부를 평수대로 차례로 둘러보았다. 내부는 외부만큼이나 화려하고 웅장한 자태를 뽐내고 있었다. 부동산 소장의 말로는 실내 자재들이 거의 다 고급 외국산이라고 이야기하였다.

나는 부동산 소장과 헤어지고 나오면서 결심을 하였다.

'저기 한번 살아보고 싶다!'

'꼭 살아 보고 싶다!'

'꼭 살아 볼 것이다!'

누구나 꼭 한번 살아보고 싶은 아파트가 있을 것이다. 경제적 여유만 된다면 꼭 한번 살아보고 싶은 그런 아파트. 사랑하는 아내와 토끼 같은 자식과 함께 행복한 인생을 살고 싶은 그런 아파트말이다.

2010년 당시 나에게는 달서구의 W아파트가 꼭 한번 살아보고 싶은 꿈의 아파트였다. 꿈의 아파트를 구경하기 위해 몇 번씩 주변을 서성였고, 실내를 보고 싶은 마음에 부동산에 들러서 마치 집을 살 것처럼 행동하며 내부를 보기도 하였다. 그렇게 꿈의 아파트에 많은 관심을 가지다 보니 우연찮게도 지금은 꿈의 아파트 바로 옆 S아파트에 거주하게 되었다. 마치 무언가에 끌리듯이 말이다.

목표로 하는 아파트를 설정하였다면, 그 아파트를 많이 보는 것이 좋다. 아파트 주변의 편의시설도 체크하고, 커뮤니티 시설은 무엇이 있는지도 확인하고, 아직 아파트 내부를 못 봤다면 내가 그랬던 것처럼 부동산중개소에 들러서 아파트 내부를 보는 것이 좋다.

견물생심의 원리를 이용하여 꿈의 아파트를 가능한 한 많이 보고 갖고 싶다는 강한 욕망을 가지기를 바란다.

③ 듣다(귀동냥 전략)

지난 5년간 수많은 부동산중개소를 들러서 부동산 소장들과 이야기를 나누었다. 처음에는 내가 살 보금자리를 마련하기 위해 부동산중개소

를 들렀고, 나중에는 조금 더 큰 평수로 이사 가기 위해 들렀으며, 나중에
는 돈 한 푼 안 들이고 50평대로 이사 하기 위한 방법을 모색하고자 들렀
다.

지금껏 부동산중개소를 방문하고 받은 소장들의 명함을 명함첩에 잘
보관하고 있다. 다음과 같은 사진 명합첩을 3개 정도 가지고 있다. 모은
명함을 합치면 아마 500장 정도는 되지 않을까 짐작해본다.

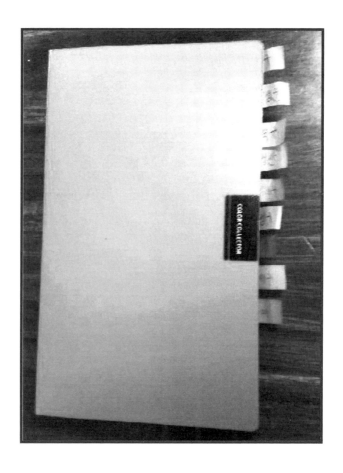

나는 한 달에 투자 관련 서적을 3~4권 정도 읽는다. 투자에 대한 지식과 정보를 얻을 수 있어서 독서가 좋다. 하지만 독서보다 부동산 소장들과 이야기하는 것을 더 즐긴다. 현장에 있는 사람들과 직접 이야기 나누며 배우는 지식과 정보가 머리에 더 오래 남으며, 책에서는 이야기할 수 없는 고급 정보들을 얻을 수 있기 때문이다.

'호랑이를 잡으려면 호랑이 굴에 들어가라'는 말도 있지 않은가? 내가 목표로 하는 아파트를 적절한 가격과 좋은 조건으로 사고, 지금보다 더 좋은 아파트로 갈아타기 위해서는 가장 빠르고 정확한 정보를 가지고 있는 부동산중개소에 자주 들르는 것은 너무나도 당연한 일이다.

뿐만 아니라 그분들의 투자성공담과 실패담도 들을 수 있었고, 서로의 신뢰관계가 쌓이다 보니 일급비밀일 수도 있는 투자 노하우에 대해서도 배울 수 있었다. 평수 늘려가기를 희망하거나 또는 부동산 투자에 관심이 있다면 부동산중개소에 자주 들를 것을 권한다.

④ 느끼다(상상력 극대화)

앞서도 이야기하였지만 부동산과 아파트에 막 관심을 가지기 시작한 2010년 당시 나에게는 달서구의 W아파트가 꿈의 아파트였다. 그래서 그동안 많은 시간을 그 꿈의 아파트 주변을 서성이며 구경하고 꿈의 아파트에 입주하여 사는 날을 상상하였다.

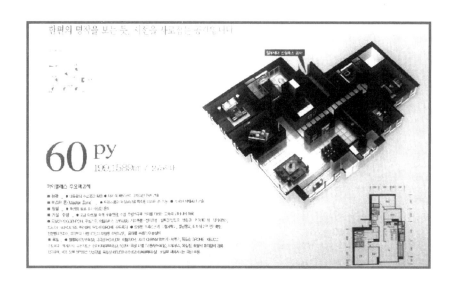

〈W아파트를 보면서 내가 상상한 것〉

침실 1은 나의 서재 공간으로 만들 것이다.

침실 2는 아기의 전용 놀이 공간으로 만들 것이다.

침실 3은 손님방으로 꾸밀 것이다.

침실 4는 넓어서 12자 장롱이 들어갈 수 있을 것 같다.

드레스 룸은 넓어서 아내가 좋아할 것 같다.

욕실 1은 욕조가 커서 반신욕하기 좋을 것 같다.

발코니 1에는 러닝머신을 두고 운동하기 좋을 것 같다.

전실은 넓어서 유모차 등을 놓기에 좋을 것 같다.

상상은 구체적이어야 한다. W아파트를 보고, W아파트의 사진을 보면서 수백 번도 더 상상하였다. 그러다보니 W아파트 들어가고 싶다는 소망에서 안 들어 가면 안 되는, 당연히 들어가야만 하는 곳으로 바뀌는 것을 느꼈다.

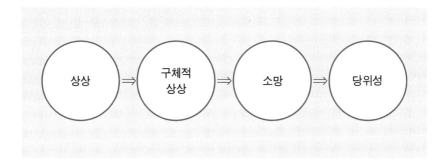

아파트를 구경하고 나오면서 W아파트 분양사무실에 들렀다.

푸르미미 수고하십니다.

분양사무실 직원 안녕하세요.

푸르미미 W아파트에 관심이 있어서 그러는데 관련 자료 좀 볼 수 있을까요?

분양사무실 직원 아, 여기 있습니다.

분양사무실 직원이 건넨 A4 사이즈 만한 홍보전단지에는 간략하게 W아파트의 장단점이 적혀 있었다. 그리고 직원의 책상 위에는 한 권으로 완성된 W아파트 고급 홍보용 책자가 있었다.

푸르미미 책상 위에 책자가 보기 좋을 것 같은데, 그걸로 주세요.

분양사무실 직원 지금 한 권밖에 있지 않아서 이것은 드리기가 어렵습니다.

푸르미미 한 장짜리 전단지를 보는 것보다는 고급 홍보용 책자를 보는 것이 더 나을 것 같아서 말씀드립니다. 그리고 홍보용 책자가 없으면 본사에 요청하면 되지 않습니까? 몇 억짜리 아파트 사려고 하는데 책자 한 권이 대수입니까?

분양사무실 직원 맞는 말씀이시기는 한데요…….

옆에서 듣고 있던 사무실의 한 직원이 내일 본사에 요청할 테니 그 책자를 드려도 될 것 같다고 이야기하였다.

나는 W아파트 고급 홍보용 책자를 당당하게 받아 들고 나왔다. 그 책자를 수백 번은 넘게 읽은 것 같다. 그리고 그 책자에서 60평의 내부모습을 잘라 내 지갑 속에 고이 접어 넣어 오랫동안 간직하고 있다. '언젠가는 이 아파트에 올 것이다'라는 다짐과 함께 말이다. 외부모습과 평면도는 나의 책상 위 가장 잘 보이는 자리에 붙여놓았다. 나의 꿈을 잊어버리지 않기 위해!

⑤ 몰입(앞만 보고 달린다)

약 5년 전 서구의 P아파트에서 신혼을 시작한 이후, 아파트라는 부동산에 관심이 생겼다. 그래서 새로 분양하는 아파트의 거의 모든 모델하우스에 방문했다. 대구의 모델하우스뿐만 아니라 가깝게는 경북의 구미, 경주, 영천, 포항, 왜관 등에 방문하였고, 멀리는 부산, 거제도, 인천, 서울, 세종 등 도시의 모델하우스에도 방문하였다.

그렇게 할 수 있었던 것은 부동산이라는 분야에 재미를 느꼈고, 모델하우스에 가서 상담직원과의 대화를 통해서도 배우는 것이 많았으며, 새로운 정보를 얻을 수 있었기 때문이었다. 모델하우스를 방문하는 것 외에도 경제 신문을 구독하면서 부동산의 중요 뉴스라던가 새로운 호재가 나온 기사가 있으면 오려서 파일에 스크랩하였다.

아파트에 한참 관심을 가지고 있을 때는 하루 일과를 아침에 경제 신문을 읽는 것으로 시작하였다. 대구 지역의 지방신문도 같이 구독하여 전국의 부동산 뉴스와 대구의 부동산 뉴스를 하나도 놓치지 않고 체크하였다.

그리고 시간이 날 때마다 부동산중개소를 방문하였다. 특별한 일이 있어서가 아니라, 시장 분위기도 체크하고, 좋은 투자처가 있는지 의견을 듣기 위해서였다. 친구와 약속이 있을 때는 약속시간보다 30~40분 먼저 도착해 주변 부동산중개소에 들러서 이야기를 나누고 약속장소에 가기도 하였다.

집에 있을 때에는 케이블 TV로 부동산 관련 채널을 보면서 전반적인 부동산 동향을 읽기 위해 노력하였다. 매주 서점을 방문하여 부동산 및 재테크 서적을 샀고, 잠자리에 들기 전에는 부동산 및 재테크 카페에 들어가 부동산투자 노하우에 관한 글을 정독하였다. 부동산으로 시작하여 부동산으로 마감하는 것이 일상이었다.

어떤 한 분야에서 성공하기 위해서는 많은 시간을 투자해야 하고 무엇보다도 관심과 열정이 있어야 한다. 또한 뒤도 옆도 보지 말고 오로지 그 분야에만 초점을 맞추고 몰입하는 단계가 반드시 필요하다. 나는 운이 좋게도 부동산이 너무 재미있어서 다른 것에 관심을 빼앗기지 않을 수 있었다.

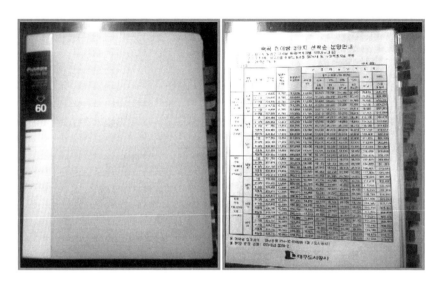

이와 같이 아파트 분양자료와 경제 신문에서 스크랩한 파일이 약 15권 이상에 달한다.

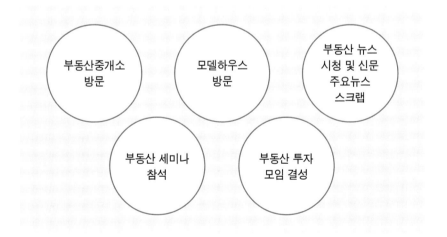

⑥ 목표 달성(골인)

　4년 전 나는 25평의 아파트에 살면서 50평대로 옮겨간다는 조금은 무리해 보일 수 있는 목표를 설정하였고, 그 목표를 잊지 않고 항상 가슴속에 간직하기 위하여 그 목표의 대상물을 꾸준히 봐왔다. 그 목표를 달성하기 위해 관련된 지식과 노하우를 꾸준히 배웠고, 시간이 날 때마다 목표를 셀 수 없이 상상하였으며, 그 목표를 달성하기 위하여 오로지 앞만 보고 달려왔다.

　그 결과 나는 5년 만에 돈 한 푼 안 들이고 20평대 아파트에서 50평대 아파트로 갈아타기를 할 수 있었다.

〈부자들의 명언〉

진정으로 부자가 되고 싶다면

소유하고 있는 돈이 돈을 벌어다 줄 수 있도록 해라.

개인적으로 일해서 벌어들일 수 있는 돈은

돈이 벌어다 주는 돈에 비하면 지극히 적다. ─록펠러

사람들은 돈이 없기 때문에 좋아하지 않는 일을 한다.

하지만 그런 일을 계속하는 한 부자가 될 수 없다. ─보도 셰퍼

휴식은 게으름도 멈춤도 아니다.

일만 알고 휴식을 모르는 사람은

브레이크 없는 자동차와 같이 위험하기 짝이 없다.

그러나 쉴 줄만 알고 일할 줄 모르는 사람은

모터 없는 자동차와 마찬가지로 아무 쓸모가 없다. ─헨리 포드

최선을 다한다 말하지 말고 반드시 해낸다고 말해라. ─도널드 트럼프

2장

욕먹을 각오로 쓰는
투자마인드 이야기

그동안 투자 관련 서적을 많이 읽었다. 투자를 결심했을 때 주변에 조언을 구할 부자들이 많이 없어서 내가 할 수 있는 것은 서점에 가서 이미 성공한 사람들이 쓴 투자 관련 책을 읽는 것이 유일한 방법이었기 때문이다. 하지만 수많은 투자서를 접했어도 내용은 거의 비슷했다.

1. 돈을 차곡차곡 모아 나가라.

2. 투자하기 위해서는 종잣돈이 가장 중요하니 빨리 돈을 모아라.

3. 대출은 위험하니 가급적 하지 마라.

4. 가계부를 적어서 한 푼이라도 아껴라.

5. 투자금의 안전을 위해 분산투자를 해라.

하지만 그동안 많은 투자를 해오면서 그리고 나름 투자의 수익을 내보면서 이러한 말들이 절대불변의 진리는 아니라는 것을 몸소 느낄 수 있었다.

이러한 내용의 책을 쓴 저자들이 독자들에게 조언을 해줄 만큼의 투자 경력이나 노하우를 가지고 있는지 의심스러웠고, 흔히들 이야기하는 것을 그냥 짜깁기한 것은 아닌지, 진정으로 투자를 해오면서 깨달은 바를 책에 적은 것인지 의심스러웠다. 무엇보다도 그들이 지금 경제적 자유의 길을 걷고 있는 위치에 있는지조차 약간은 의심스러웠다.

제2장에서는 내가 그동안 투자를 하면서 느끼고 배운 점을 진솔하게 담았다. 그 내용이 시중에 흔히 나와 있는 재테크 서적이나, 여러분들이 이미 알고 있는 투자의 지식과는 내용이 많이 다를 것이라는 점을 미리 말씀 드린다. 부디 아무런 편견 없이 읽어주기를 바랄 뿐이다.

돈은 차곡차곡 모으는 것이 아니라
기하급수적으로 불려나가는 것이다

:: 시세 상승에 따른 수익 실현 **vs** 고정적인 현금 흐름 창출

$$1 + 1 + 1 + 1 + 1 + 1 + 1 + 1 + 1 + 1 = 10$$

$$1 \times 2 \times 4 \times 16 \times \text{............} = 무한대$$

우리는 불행인지 다행인지 모르겠지만 '자본주의'라는 거창한 사회제
도 속에서 살아간다. 능력 있고 돈이 많은 사람은 자본주의 사회에서 누
릴 수 있는 온갖 혜택을 누리면서 살아가지만, 그렇지 않은 사람은 그 폐
해 속에서 하루하루를 버티며 꾸역꾸역 살아가야만 하는 것이다. 이런
자본주의 사회 속에서 근본이 되는 돈에 대하여 우리가 어떤 자세를 가

지느냐는 상당히 중요하다. 돈에 대한 자세와 태도, 신념에 따라서 앞으로 어떤 삶을 살지가 결정되기 때문이다.

2014년 3월, 지인에게서 전화가 왔다. 2년 전에 운 좋게 대구의 '월배 아이파크 1차' 33평에 당첨이 되어서 계약금 2500만 원을 내고 현재까지 보유하고 있는데, 부동산 가격이 계속 상승해서 현재 프리미엄이 6000만 원 정도 붙었다고 한다. 그래서 이 분양권을 매매하는 게 나을지 등기한 후에 월세를 놓을지 고민이라고 하였다.

사실 요즘 대구의 부동산 시장이 활황이여서 이러한 종류의 질문을 굉장히 많이 받아왔었다. 어디 아파트 분양권을 샀는데 프리미엄이 몇 천만 원 붙었는데 파는 것이 좋은지 아니면 팔지 않고 등기를 해서 가지고 있는 것이 낫냐는 질문들이 대부분이다. 이것을 유식한 말로 바꾸면, 월세를 놓고 '고정적인 현금 흐름을 가지느냐', 분양권 매도를 해서 '시세 상승에 따른 수익 실현을 하느냐'를 고민하는 것이다.

이 질문을 받고 나는 지인에게 다음과 같이 물었다.

"돈에 대하여 어떤 신념을 가지고 있고, 경제적 목표는 무엇입니까?"

그는 이렇게 답변하였다.

"이제 30대 후반이라 아직 젊고, 조금은 공격적으로 투자해서 빨리 부자가 되는 것이 저의 신념이고 경제적 목표입니다."

그래서 다음과 같이 이야기해 주었다.

분양권을 매도한 경우	월세를 놓는 경우
시세 상승에 따른 수익 실현	고정적인 현금 흐름 창출
수익금을 가지고 재투자를 해야 함	고정적인 현금 흐름 창출에 대한 이득 발생
규모의 경제를 이용할 수 있음	규모의 경제를 이용할 수 없음
high risk high return	small risk small return
공격적이고 적극적인 투자 방식	소극적이고 안정적인 투자 방식
경제적 자유로 가는 지름길	경제적 자유인이 되었을 때 취하면 좋은 방식
1×2×4×8×16........=무한대	1+1+1+1+1+1+1+1+1+ = 10

분양권을 매도할 경우와 월세를 놓는 경우를 직접적으로 비교 설명해 주었다.

분양권을 매도할 경우

월배 아이파크의 경우, 2014년 3월 현재 프리미엄이 6000만 원 정도이고, 만약 2014년 9월에 매도를 한다면 분양받은지 2년이 지나므로 일반 과세가 적용된다. 다음 표와 같이 24%의 세금이 적용이 되고, 대충 계산을 해보면 약 1400만 원의 세금이 부가된다. 여기에 누진공제액 522만 원이 공제가 되므로 약 900만 원의 세금을 내면, 결과적으로 수익은 약 5000만 원이 된다.

2014년 개정 양도소득세율

구분	과세표준액(원)	세율	누진공제액	적용시점
2년 이상 보유자 기본세율	1200만 원 이하	6%	—	2014.1.1
	1200만 원 초과~4600만 원 이하	15%	108만 원	
	4600만 원 초과~8800만 원 이하	24%	522만 원	
	8800만 원 초과~ 1억 5000만 원 이하	35%	1490만 원	
	1억 5000만 원 초과~	38%	1940만 원	
단기 주택보유자	1년 미만 주택 및 조합원 입주권	40%	투기지역 내는 10% 추가과세 항구적 적용 (3주택 이상)	2014.1.1
	2년 미만 주택 및 조합원 입주권	6~38%		
다주택자	고율의 양도세부과제도 폐지	6~38%		
1주택자 (비과세 요건)	1주택자 보유기간: 2년 이상 기존 주택 처분기간: 3년 이내	대체취득: 기존 주택 취득 후 1년 후에 취득하는 경우에만 처분기간 3년을 인정		2012.6.29
비사업용토지	2014. 12. 31까지 기본세율 적용 (투기지역 제외)	장기보유특별공제 배제		
중과대상	일반 부동산 중 미등기 양도 70% 1년 미만 50%, 2년 미만 40%	장기보유특별공제 배제		

그리고 계약금 10%인 2500만 원을 합하면 목돈 7500만 원이 생기게 된다. 수익률로 따지면 100%가 넘는 어마어마한 수익률이다.

등기를 하고 월세를 놓을 경우

월배 아이파크의 분양가는 33평 기준 약 2억 5000만 원이었다. 현재 계약금 10%를 납부하였으니 잔금은 약 2억 2500만 원이다. 만약 등기를 하고 월세를 놓는다면 보증금 3000만 원에 월 110만 원 이상은 충분히 받을 수 있을 것이다. 연간으로 따지면 1320만 원의 수익이다.

보증금 3000만 원을 제하고, 잔금 약 1억 9500만 원을 모두 대출한다고 가정하면 1년에 이자로 약 900만 원이 나갈 것이고, 이자를 제하면 연간 월세수익은 420만 원 이상의 수익을 올릴 수 있다는 결론이 나온다. 이 2가지 경우를 쉽게 요약하면 다음과 같다.

연 420만 원 이상의 꾸준한 수익 VS 목돈 7500만 원

위의 2가지를 비교 설명하면서 짧게나마 결론을 내려 주었다. 아직 젊으니, 조금 더 공격적인 투자로 빠른 시일 내에 경제적 자유를 얻고자 한다면 월세를 받으면서 돈을 차곡차곡 모아가는 것보다는 분양권 매도를 하여 그 목돈을 가지고 '규모의 경제'를 이용하여 재투자하는 것을 수차례 반복하라고 말이다.

:: 시간에 투자하라

분양권을 매도하여 생기는 7500만 원의 목돈은 등기를 하고 월세를 10년 이상 놓았을 경우에 생기는 수익보다도 크다.

목돈 7500만 원 > 10년간의 월세

즉, 지금 분양권을 팔아서 수익을 실현하는 것은 10년이라는 시간을 사는 것과 같다.

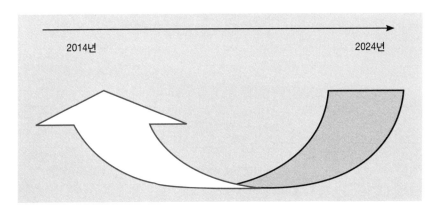

앞에서도 이야기하였지만 재테크에서는 다음 3가지가 중요한데,

1. 종잣돈

2. 시간

3. 투자에 대한 끊임없는 관심과 공부

종잣돈보다도 중요한 것이 시간이다. '10년이라는 시간을 산다'는 것이 어떤 의미인지 와 닿지 않을 수 있다. 그럼 실제로 시간을 5년 전으로만 되돌려보자. 그리고 대구 주요지역의 아파트들의 5년 전 가격과 지금의 시세를 비교해보자.

2009년 대구 달서구 보성은하 실거래가

단지	번지	전용면적	1월		2월		3월		건축년도
			계약일	거래금액 (층)	계약일	거래금액 (층)	계약일	거래금액 (층)	
			1~10	8,700 (10)	1~10	8,750 (7)	1~10	8,050 (24)	
			21~31	8,300 (9)	11~20	8,750 (15)		9,400 (10)	
				9,000 (5)	21~28	8,950 (16)	11~20	8,280 (19)	
						8,000 (6)		8,050 (3)	
		59.88				8,650 (8)		8,800 (9)	
							21~31	9,150 (17)	
								8,380 (4)	
								9,000 (17)	
								8,280 (13)	
			1~10	13,900 (16)	1~10	11,980 (3)	1~10	13,900 (5)	
			11~20	12,950 (19)		14,500 (13)		13,950 (3)	
보성은하	42			13,400 (10)	11~20	12,700 (3)		14,200 (19)	1994
			21~31	13,950 (9)		12,800 (3)	11~20	13,200 (6)	
		84.96				14,150 (5)	21~31	13,500 (3)	
						13,900 (13)		14,800 (18)	
					21~28	13,000 (6)			
						14,500 (1)			
						12,600 (3)			
						13,800 (10)			
		134.92	11~20	18,250 (17)	11~20	17,000 (13)	11~20	22,500 (10)	
								20,000 (11)	

2014년 대구 달서구 보성은하 실거래가

단지	번지	전용면적	1월		2월		3월		건축년도
			계약일	거래금액 (층)	계약일	거래금액 (층)	계약일	거래금액 (층)	
			1~10	17,500 (22)	1~10	18,000 (23)	1~10	17,800 (17)	
			11~20	17,900 (8)	11~20	18,450 (12)		16,800 (18)	
			21~31	18,000 (16)		16,900 (22)		16,500 (2)	
		59.88			21~28	17,500 (21)	21~31	17,850 (8)	
								16,500 (3)	
								17,400 (4)	
								17,400 (10)	
			1~10	22,100 (1)	11~20	24,500 (8)	1~10	25,050 (13)	
보성은하	42	84.96	11~20	25,500 (18)	21~28	25,450 (19)			1994
						25,000 (13)			
		117.6					21~31	29,350 (11)	
		134.92	11~20	30,400 (5)	1~10	30,900 (16)	1~10	30,200 (2)	
				29,500 (8)			11~20	27,800 (2)	
			11~20	31,000 (9)	11~20	38,000 (14)	11~20	30,800 (1)	
		222.02		31,300 (44)				30,800 (1)	

2009년 대구 수성구 수성그린타운 실거래가

단지	번지	전용면적	1월 계약일	1월 거래금액 (층)	2월 계약일	2월 거래금액 (층)	3월 계약일	3월 거래금액 (층)	건축년도
수성그린타운	112-7	60	21~31	16,400 (12)	21~28	17,400 (11)			2005
		84.93					11~20	24,500 (5)	

2014년 대구 수성구 수성그린타운 실거래가

단지	번지	전용면적	1월 계약일	1월 거래금액 (층)	2월 계약일	2월 거래금액 (층)	3월 계약일	3월 거래금액 (층)	건축년도
수성그린타운	112-7	60	11~20	27,850 (16)	1~10	27,750 (13)			2005
						26,900 (3)			
		109.9					21~31	48,500 (18)	

2009년 대구 북구 동아침산2무지개 실거래가

단지	번지	전용면적	1월 계약일	1월 거래금액 (층)	2월 계약일	2월 거래금액 (층)	3월 계약일	3월 거래금액 (층)	건축년도
동아침산2무지개	233-3	59.76	11~20	9,500 (7)	11~20	12,630 (8)	1~10	12,000 (9)	1999
		84.74	1~10	12,500 (3)			11~20	15,350 (9)	
		134.86					1~10	25,000 (11)	
		164.35	11~20	20,500 (11)	11~20	22,200 (3)			
				28,500 (10)		22,600 (1)			

2014년 대구 북구 동아침산2무지개 실거래가

단지	번지	전용면적	1월 계약일	1월 거래금액 (층)	2월 계약일	2월 거래금액 (층)	3월 계약일	3월 거래금액 (층)	건축년도
동아침산2무지개	233-3	59.76	1~10	18,270 (18)	1~10	17,300 (2)	1~10	18,300 (17)	1999
			11~20	16,750 (1)	11~20	17,850 (11)		17,700 (20)	
						18,720 (12)		16,800 (1)	
					21~31	17,800 (14)			
						19,300 (13)			
		84.74	21~31	20,600 (2)	1~10	22,500 (2)	1~10	22,700 (3)	
					11~20	24,200 (19)	11~20	23,600 (18)	
						21,000 (2)			
					21~28	24,000 (17)			
		134.86			1~10	27,900 (6)	21~31	28,750 (11)	
					11~20	28,200 (9)			
		164.35	1~10	29,100 (11)	21~28	30,500 (15)	11~20	30,000 (12)	

이와 같이 10년이 아니라 5년의 시간만을 되돌린다고 해도 엄청난 결과를 초래한다는 것을 알 수 있다. 달서구의 '보성은하', 수성구의 '수성그린', 북구의 '동아침산2' 아파트의 경우 5년 전보다 거의 아파트 가격이 2배

이상 올랐고, 금액으로 보면 약 1억 이상 올랐다. 지금 예로 든 아파트뿐만 아니라 대구의 아파트들을 보면 5년 전에 비해서 보통 2배 가까이는 올랐다(일부 대형평수 아파트는 제외).

그렇다면 지금 분양권 매도하여 생기는 7500만 원을 가지고 열심히 굴린다면 10년 후에는 얼마가 되어 있을까? 10년간의 월세와는 비교할 수조차 없을 것이다.

다만, 5년 전 대구의 아파트가 이렇게 많이 상승할 줄 어떻게 알 수 있냐고 물을 수도 있을 것이다. 그래서 투자에 대한 끊임없는 관심과 공부가 필요하다는 것이다. 미래는 '신의 영역'이라고 하지만, 인간은 과거를 토대로 이성적인 사고를 할 수 있어서 미래를 예언할 수는 없지만 예측을 할 수는 있다. 그렇다면 부동산의 가치를 무엇으로 예측할 수 있을까?

1. 수요와 공급

2. 정부 정책

3. 금리

4. 부동산 심리

5. 대외 변수

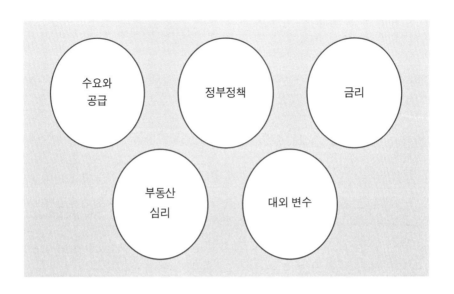

우리는 부동산 시장을 예측할 수 있는 위의 5가지 요소를 면밀히 분석하고 공부하여 투자의 성공확률을 높일 수 있다. 그리고 그 높은 확률에 '규모의 경제'를 이용하여 배팅할 수 있다. 바로 이것이 돈을 기하급수적으로 불려나갈 수 있는 방법이다.

규모의 경제란, 각종 생산요소를 투입하는 양을 증가시켜 발생하는 이익이 증가되는 현상

단순하게 예를 들면 예전에는 2500만 원으로 분양권 1개를 구매할 수 있었지만, 이제 7500만 원으로는 분양권 3개 구매할 수 있다. 당연히 거기에서 나오는 수익은 예전의 3배가 될 것이다(분양권 3개를 사라는

말이 아니다. 투자의 대상은 얼마든지 변할 수 있다).

⇓

그 투자가 월배 아이파크처럼 100% 수익률을 낸다면 7500만 원은 1

억 5000만 원이 될 것이다. 그리고 그 1억 5000만 원을 재투자하는 것이다. 이것이 바로 규모의 경제를 이용한 재투자이고, 돈을 기하급수적으로 불려나가는 방법이며, 최종적으로 우리가 경제적 자유로 가는 지름길이다.

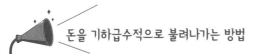

돈을 기하급수적으로 불려나가는 방법

투자 ⇒ 수익 창출 ⇒ 규모의 경제를 이용한 재투자 ⇒ 경제적 자유로 가는 지름길

:: 부자가 10억을 모으는 방법

돈을 차곡차곡 모아나가는 단계는 사회초년생 시절에 투자를 위한 목돈을 만들어갈 때 필요한 재테크 마인드이며, 어느 정도의 목돈과 종잣돈이 형성된 후에는 기하급수적으로 불려나가는 재테크 마인드가 필요하다. 이는 흔히들 이야기하는 스노우볼 효과의 극대화를 노리는 것이다.

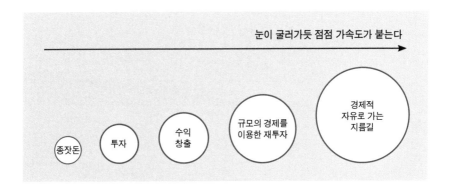

한때 10억 모으기 열풍이 분 적이 있다. 그 열풍에 다양한 재테크 카페와 모임이 생기면서 〈텐인텐〉이라는 재테크 카페도 생겼다. 이 카페의 취지는 '10년 동안 10억을 모으자'는 것이다. 그렇다면 10억을 모으기 위해서는 1년에 얼마를 모아야 하는가?

보통 사람들은 1년에 대략 1억씩 모으면 되지 않겠냐고 이야기할 것이다. 하지만 큰돈을 모아본 사람들은 다르게 말할 것이다. 처음 3~4년은 종잣돈을 모으는데 필요한 시간이고, 그 다음 3년은 종잣돈으로 투자하는데 필요한 시간이며, 마지막 3년이 10억을 모으는 시간이라고 말할 것이다.

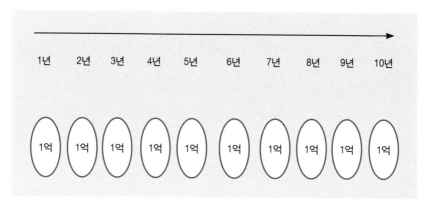

보통 사람들의 생각

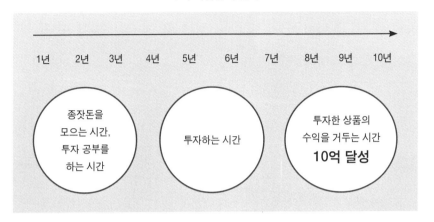

부자 사람들의 생각

1년   2년   3년   4년   5년   6년   7년   8년   9년   10년

종잣돈을
모으는 시간,
투자 공부를
하는 시간

투자하는 시간

투자한 상품의
수익을 거두는 시간
10억 달성

돈을 기하급수적으로 불려나가는 터닝포인트를 빨리 만들어야 한다.

그것은 남의 성공이야기를 듣는 것만으로는 안 되고, 투자 관련 서적만 읽어서도 안 되며, 오로지 본인이 공부하고 그 지식을 바탕으로 투자하고 성과를 낸 경우에만 본능적으로 느낄 수 있는 것이다. 그 터닝포인트를 얼마나 빨리 잡느냐에 따라서 경제적 자유로 갈 수 있는지 없는지가 판가름 난다.

투자라는 것이 월배 아이파크 분양권 투자처럼 수익이 100% 날 수도 있고 안 날 수도 있다. 더 높은 수익이 날 수도 있고, 반대로 마이너스 수익이 날 수도 있다. 다만 분명한 것은 경제적 자유의 길을 갈 수 있는 방법은 투자를 통해서만 가능하다는 것이다. 절대 안 된다고 생각하지 마라. 부정적인 사고는 자기도 모르게 그러한 삶을 살아가게끔 만든다.

역사는 부정적이고 소극적인 사고를 가진 사람이 아니라, 긍정적이고 적극적인 사고를 가진 사람들에 의해 만들어져 왔고 앞으로도 그러할 것이다.

$$1+1+1+1+1+1+1+1+1+1 = 10$$
$$1 \times 2 \times 4 \times 16 \times .... = 무한대$$

여러분들은 돈을 모아나가는 위의 2가지 방식 중에서 어느 것을 선택할 것인가? 차곡차곡 모아가는 방식을 원하는가? 아니면 기하급수적으로 불려나가는 방식을 원하는가? 선택은 여러분들의 몫이고, 그 선택은 자신이 가지고 있는 돈에 대한 신념일 것이며, 그 선택의 결과에 의해 앞으로 남은 여생을 살아가게 될 것이다.

그렇다면 나는 왜 젊은 나이에 기하급수적으로 돈을 벌기 원하는가? 미국의 유명한 패스트푸드인 KFC의 창업자는 60세가 넘은 나이에 창업해서 큰 부자가 되었다. 그 전에도 여러 번 사업을 시도하였으나 결과가 좋지 않아서 오랜 시간 궁핍한 생활을 했었다. 그의 끊임없는 도전정신에 박수를 보낸다.

만약 내가 선택할 수 있다면 60세가 넘어 큰 성공을 거두기보다는 30대에 작은 성공을 할 수 있기를 바란다. 그래서 그것을 발판 삼아 40대에 자리 잡기를 희망한다.

60이 넘은 나이에 갑자기 100억대의 부자가 되는 것보다는 30대에 10억대의 작은 부자가 되기를 선택할 것이다. 30대의 10억이 있다면 30년 후에 100억보다 더 큰 부자가 될 가능성이 높다. 무엇보다도 현재를 즐기면서 60세를 맞이할 수 있기 때문이다. 미래를 위해 현재를 희생해야 하는 삶은 바람직하지 않다고 생각한다.

현재는 영어로 'Present'이다. 번역하면 '선물'이다. 나는 하루하루를 선물보따리를 풀어 보는 설레는 마음으로 살아가고 싶다.

파이프라인

다음은 〈파이프라인〉 우화이다. 이야기가 뜻하는 바를 곰곰히 생각해보자.

계곡이 아름다운 이탈리아 중부의 작은 마을에 사촌지간인 파블로와 브루노 라는 두 젊은이가 살았다. 파블로와 브루노는 둘도 없는 친구 사이였고, 성공 을 꿈꾸며 기회를 찾고 있었다. 마을에 물이 모자라서 산꼭대기에서 샘물을 길러 마을로 오면 돈을 벌 수 있는 기회를 가지게 된 파블로와 브루노는 모처 럼 가지게 된 기회에 열정적으로 일했다.

하루 꼬박 무거운 물통을 날라 꽤 많은 수당을 받은 브루노는 주어진 일과 수 입에 만족했다. 그래서 더 많은 돈을 벌기 위해 더 큰 양동이를 사용하기도 했다. 하지만 파블로는 온몸이 쑤시고 힘들어 불만이 많았다.

'이렇게 힘들게 일하지 않아도 파이프라인을 만들면 쉽게 돈을 벌 수 있을 거야!' 파블로는 고심 끝에 브루노에게 찾아갔다.

"브루노, 파이프라인을 함께 만들자."

"지금도 돈은 많이 벌 수 있어. 무슨 뚱딴지 같은 소리야? 나에게 필요한 건 더 큰 양동이라고!"

하는 수 없이 파블로는 혼자 파이프라인을 만들기 시작한다. 지금 수입과 시간을 쪼개 투자했다.

파블로가 파이프라인을 만든다는 소문이 마을에 퍼지자 마을 사람들은 파블로를 '파이프라인맨'이라 부르며 놀려댔다. 하지만 파블로는 꿈이 있었기에 아랑곳하지 않고 묵묵히 파이프라인을 만들었다.

반면 더 열심히 양동이로 물을 길어 나른 브루노의 수입은 늘어 여유로운 삶을 즐기게 되었다. 부자가 된 브루노는 마을 사람들에게 술을 사줬고, 그들은 '브루노 씨'라고 부르며 그를 따르고 좋아했다. 하지만 시간이 흐르자 고된 노동으로 등이 굽고 몸이 수척해져 더 이상 일을 할 수 없는 지경에 이르렀다. 품삯이 점점 줄자 불만과 불평을 늘어 놓으며, 술에 절어 살게 되었다. 이제 마을사람들은 그를 '물통맨'이라고 부르면서 조롱했다.

한편, 파블로의 파이프라인 건설은 점점 가속도가 붙어 완성하게 되었다. 많은 마을 사람들이 모인 곳에서 대대적인 완공식을 하고 수도꼭지를 트는 순간 물이 철철 쏟아졌다. 파블로는 마을에게 존경받는 사람이 되었다. 이제 더 이상 힘겹게 일할 필요가 없었다. 그가 자고 먹고 마시고 노는 동안에도 파이프라인은 그에게 돈을 벌어다 주었다. 큰 성공을 거둔 파블로는 일자리를 잃은 브루노를 찾아가 다시 제안한다.

"파이프라인을 만들면서 축적된 노하우를 원하는 사람에게 알려주고, 전 세계 모든 마을에 파이프라인이 구축되도록 하여 거기에서 흐르는 물 양의 일정 부분을 우리 몫으로 챙기자."

이것이 오늘날의 프랜차이즈이다. 브루노는 그 제안을 받아들였고, 그후 파블로와 브루노는 은퇴하지만 전 세계에 뻗어 있는 파이프라인을 통해 연간 수백만 달러를 벌어들이게 되었다.

대출은 하지 않는 것이 좋다 VS
가능한 한 많이 하는 것이 좋다

:: **동물나라 마라톤 대회 이야기**

옛날 동물나라 마라톤 대회가 열렸다. 이 대회는 특이하게도 어떠한 도구를 이용해도 되고, 무조건 빨리 도착하면 우승할 수 있다. 입상자들의 상금은 다음과 같다.

〈상금〉

1등 – 당근 20상자

2등 – 당근 10상자

3등 – 당근 5상자

이 대회에 토끼, 다람쥐, 거북이, 얼룩말, 조랑말이 참가하였다. 대회 특성에 맞게 출발선 근처에서는 많은 상인들이 나와서 빨리 달릴 수 있는 다양한 도구들을 대여하고 있었다.

당근 1상자 – 자전거 대여

당근 3상자 – 오토바이 대여

당근 5상자 – 자동차 대여

토끼는 자전거를, 다람쥐는 오토바이, 거북이는 자동차를 빌렸다. 모두들 지금은 당근이 없어서 마라톤 대회 후에 상금을 받아서 갚을 생각으로 각서를 쓰고 도구를 빌렸다. 이 광경을 지켜보고 있던 얼룩말과 조랑말이 이야기를 나누었다.

"우리에게는 아주 튼튼하고 빠른 다리가 있잖아. 우리가 열심히 달리면 우승할 수 있을 거야."

"하늘에서도 우리처럼 열심히 달리는 동물들을 도와줄 거야."

"맞아. 그리고 이긴다는 보장도 없이 무턱대고 도구를 빌리는 것은 너무나 위험해. 혹시나 도구를 빌렸는데 3등 안에 못 들면 우리는 당근을 갚지 못해서 팔려갈 수도 있잖아."

"그래, 맞아. 도구를 안 빌리면 만약 우리가 3등 안에 못 들어도 어떠한 도구도 빌리지 않았기 때문에 잃을 것도 없잖아."

얼룩말과 조랑말은 자신의 튼튼하고 빠른 다리를 믿고 오로지 열심히 달릴 생각으로 대회에 참여하였다. 드디어 출발선 앞에 나란히 서서 출발신호와 함께 모두 출발하였다.

결과는 자동차를 빌린 거북이가 1등을 해서 상금으로 당근 20상자를 받았고, 오토바이를 빌린 다람쥐가 2등을 해서 당근 10상자를 받았으며, 자전거를 빌린 토끼가 3등을 해서 당근 5상자를 받았다. 오로지 자신의 튼튼하고 빠른 다리로 열심히 뛰면 좋은 결과가 있을 것이라고 믿은 얼룩말과 조랑말은 최선을 다해 달렸지만, 4등과 5등으로 들어와서 어떠한 상금도 받지 못했다.

1등을 한 거북이는 당근 5상자를 갚아도 당근 15상자가 남았고, 2등을 한 토끼는 당근 3상자를 갚아도 당근 7상자가 남았으며, 3등을 한 다람쥐는 당근 1상자를 갚아도 당근 4상자가 남았다. 각 4등, 5등을 한 얼룩말과 조랑말은 어떠한 도구도 빌리지 않았기 때문에 당근을 갚을 필요는 없었지만, 어떠한 당근도 상금으로 받지는 못했다.

그리고 1년이 지나서 제2회 마라톤대회가 열리게 되었다. 이번에도 거북이, 토끼, 다람쥐는 도구를 빌려 참가하였고, 지난 대회에 어떠한 도구도 빌리지 않았던 얼룩말은 지난 대회를 교훈으로 삼아서 오토바이를 빌려서 참가하였다. 하지만 조랑말은 이번 대회에도 어떠한 도구도 빌리지 않고 오히려 그동안 더 체력을 키워 지난 대회보다 더 열심히 뛰겠다는 일념으로 참가하였다. 결국 오토바이를 빌린 얼룩말은 입상을 해서 당근 상자를 상금으로 받을 수 있었으나, 이번에도 어떠한 도구도 빌리지 않은 조랑말은 상금도 받지 못하였다.

그리고 1년이 다시 지나서 제3회 마라톤 대회가 열리게 되었다. 이번에는 조랑말도 지난 두 대회의 교훈을 삼아서 도구를 빌리기로 작정하였다. 하지만 안타깝게도 이번 대회부터는 도구의 인기가 많아져서 도구를 빌리는 가격이 올랐다.

당근 2상자 – 자전거 대여

당근 6상자 – 오토바이 대여

당근 10상자 – 자동차 대여

이에 거북이, 토끼, 다람쥐, 얼룩말은 그동안 상금으로 받았던 당근상자를 내고 도구를 빌릴 수 있었다. 조랑말은 가진 당근이 없어서 나중에 갚겠다는 각서를 쓰고 빌리려고 했으나, 먼저 다른 동물들이 도구들을 다 빌려가 더 이상 빌릴 수가 없었다. 안타깝게도 이번 대회에서 조랑말은 아무런 도구 없이 열심히 뛰었지만 역시나 꼴찌로 들어오고 말았다.

이 이야기를 지금 사회와 비교하여 요약해보면 다음과 같다.

동물 나라	자본주의 사회
토끼, 다람쥐, 거북이, 얼룩말, 조랑말	김씨, 이씨, 박씨, 최씨, 정씨
마라톤 대회	경제적 자유로 가는길
어떠한 도구도 사용이 가능하며 무조건 빨리 들어가면 이기는 대회, 입상자에게만 상금 수여	레버리지(대출) 사용이 가능, 얼마나 빨리 길에 들어오느냐에 따라서 경제적 자유 쟁취 가능
토끼, 다람쥐, 거북이: 리스크 안고 도구를 이용 얼룩말, 조랑말: 리스크 없이 오로지 열심히 달릴 작정으로 참가	김씨, 이씨, 박씨: 리스크를 안고 대출이라는 레버리지를 이용해 투자 최씨, 정씨: 리스크 없이 안전한 투자상품에 투자(예금, 적금)
토끼, 다람쥐, 거북이: 입상해서 당근을 상금으로 받음 얼룩말, 조랑말: 입상하지 못하여 어떠한 상금도 받지 못함	김씨, 이씨, 박씨: 투자에 성공하여 수익을 내 더 큰 수익을 위한 재투자 가능 최씨, 정씨: 투자하지 않아서 어떠한 수익도 발생하지 않음(기본 예금, 적금 이자 발생)
얼룩말: 제2회 대회에서는 제1회 대회를 교훈으로 삼아 분석, 공부하고 도구를 이용하여 입상함 조랑말: 제2회 대회에서도 오로지 더 열심히 달릴 생각으로 참가하여 입상하지 못함	최씨: 투자를 위한 공부를 꾸준히 하여 투자 수익을 발생시킴 정씨: 직장생활을 더 열심히 해야겠다는 각오로 일만 열심히 함
조랑말: 제3회 대회부터는 도구의 가격이 올라서 도구를 빌리고 싶어도 빌리지 못함 – 수상자 리스트에 영원히 오르지 못함	정씨: 인플레이션 등의 이유로 생활비 등이 증가하여 투자할 여력이 못됨 – 경제적 자유로 가는 길에 동참 못함

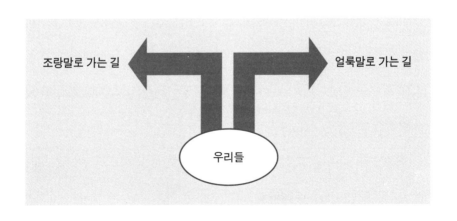

:: 우리가 투자를 해야만 하는 이유

토끼, 다람쥐, 거북이는 마라톤 대회에서 빨리 달리기 위해 자전거, 오토바이, 자동차라는 도구를 이용하여 입상하면 당근을 받아서 풍요로운 삶을 살아갈 수 있을 것이라 판단했고, 얼룩말과 조랑말은 오로지 열심히 뛰면 좋은 결과가 있을 거라고 생각하고 참가하였으나 안타깝게도 아무런 상금도 받지 못하고 궁핍한 삶을 살아간다.

여기서 중요한 것은 얼룩말은 그 다음 대회에서 지난 대회를 분석하여 무엇이 문제인지 파악한 후 도구를 빌려서 입상하게 되었으나, 조랑말은 오로지 지난 대회보다 더 열심히 뛰면 될 거라는 생각에 아무 도구도 빌리지 않고 출전하여 또 어떠한 당근도 상금으로 받지 못했다는 점이다.

대부분이 이미 풍요로운 삶을 살고 있는 토끼, 다람쥐, 거북이가 아니라, 얼룩말이 될지 조랑말이 될지 기로에 서 있는 사람들이다. 나 역시도 얼룩말이 되고자 열심히 투자하고 공부하고 있는 한 사람일뿐이다.

우리가 투자를 해야 하는 이유를 이 이야기에서 찾을 수 있다. 주변의 많은 사람들은 이미 도구를 빌려서 대회에 참가했다. 단순히 성실하게 살다 보면 좋은 일이 생길 거라는 순수한 마음만으로는 도구를 가지고 '경제적 자유로 가는 길 대회'에 참가한 사람들을 이길 수 없다.

예전에 이 사실을 깨우치지 못하였다면 2회 대회 때부터 진리를 깨우치고 도구를 빌려 참가한 얼룩말처럼, 우리도 이젠 투자를 해야만 경제적 자유로 갈 수 있다는 것을 깨우쳐야 한다. 즉, 주변의 많은 사람들이 레버리지(대출)를 이용하여 투자하는 것처럼 레버리지를 이용하여 투자를 행하여만 뒤쳐지지 않는다는 의미이다. 투자에 성공한 사람들이 많으면 많아질수록 그들만의 리그를 만들어서 다른 사람들이 못 올라오도록 진입 장벽을 높인다.

2004년 장하준 교수는 《사다리 걷어차기》를 출간했다. 이 책의 주 내용은 선진국들이 과거 경제개발 과정에서 자신들이 주로 활용했던 다양한 전략들(무역 보조금, 보호 관세 등)을 개발도상국들이 선진국의 지위에 못 올라오도록 이러한 정책들을 규제하고 있다는 것이며 이를 '사다리 걷어차기'라는 말로 비유한 것이다. 따라서 우리도 이제는 투자를 해야 하나 말아야 하나의 선택이 아닌, 과연 어떤 투자를 어디에 해야 하나를 선택해야 한다.

동물들의 마라톤대회에서 3회 때 도구를 빌려 참가하고 싶었으나, 이미 다른 동물들이 당근을 내고 모두 빌려가서 기회를 못 가진 조랑말처럼 우리 사회도 시간이 지나면 지날수록 자연스럽게 경제적 자유로 가는 길의 진입장벽이 더욱 높아진다. 그때가 되면 서민들이 경제적 자유로 갈 수 있는 여러 가지 기회는 더욱 축소될 것이고 박탈될 것이다.

우리가 투자마인드를 길러야 하는 이유는 무엇일까? 만약에 모두가 빈털터리인 상태에서 1억을 공평하게 나누어주면 나중에는 어떻게 되어 있을까?

이게 웬일인가 싶어 1억을 흥청망청 쓰는 사람 — 답이 없음

1억을 은행에 넣어서 은행이자를 챙기는 사람 — 하수

1억으로 아파트를 사서 월세를 놓는 사람 — 중수

1억을 추가로 대출받아 아파트 2채를 사서 월세를 놓는 사람 — 고수

여기서 요지는 대출을 받아 아파트를 구입하고 월세를 놓으라는 의미가 아니라, 레버리지를 이용하여 투자할 줄 아는 마인드가 있느냐는 것이다.

이 중에서 누가 뭐래도 가장 수익이 높은 사람은 1억에 추가로 대출을 받아 아파트 2채를 사서 월세를 놓는 사람일 것이다. 물이 위에서 아래도 흐르듯 돈도 투자마인드가 있는 부자에게 흘러들어 가게 되어 있다.

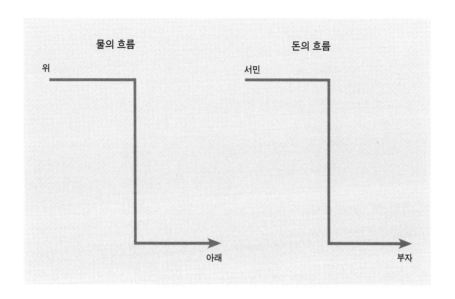

투자마인드 없이는 똑같은 돈을 공평하게 나누어 주더라도 돈은 일부에게로 다시 집중되는 현상이 재현된다. 요즘 사회적으로 많은 문제가 되고 있는 부의 양극화는 자본주의 사회에서는 발생할 수밖에 없는 자연스러운 현상이며 이를 해결한다는 것은 사회주의로의 회귀를 의미한다. 또는 초등학교 도덕 교과서에 나오는 아름다운 세상의 꿈같은 이야기일 뿐이다.

부의 양극화 해소를 위해 부자들에게 많은 돈을 세금으로 거둬 들여 가난한 사람들에게 나누어 준다고 한들 그 부는 다시 부자들의 호주머니 속으로 들어가게 되어 있다. 진정한 부의 양극화 해소를 위해서는 복지정책으로 가난한 사람들에게 더 많은 혜택을 주는 것이 아니라, 그들에게 금융교육이나 투자에 대한 교육을 해주는 것이다.

:: 대출이라는 리스크를 안으면서까지 투자를 해야 하는가?

앞서 투자를 해야 하는 이유 그리고 투자마인드를 길러야 하는 이유에 대해서 알아보았다. 그렇다면 우리는 왜 큰 리스크를 안고 대출을 하면서까지 투자를 해야 하는가? 안전하게 대출 없이 열심히 모은 돈으로 투자하면 되지 않는가?

냉정하게 이야기해서 사회 초년생이 부모의 도움 없이 순전히 월급만으로 경제적 중산층으로 올라선다는 것이 현실적으로 어렵다. 33평 아파트, 중형 자동차 등을 빚 없이 가진 사람을 중산층이라 정의한다면 현재 대구 기준으로 33평 아파트는 2~5억, 자동차는 대략 2000~3000만 원하므로 최소 2억 이상을 가지고 있어야 중산층이 될 수 있다.

사회 초년생이 연봉 3000만 원을 받는다고 가정하면 돈 한 푼 안 쓰고 7년 정도 모아야 되는 금액이다. 그 돈으로 집을 사면 투자를 하기 위해 종잣돈이 필요한데 그 시간까지 계산해 보면 최소 10년이다. 집을 장만하고 투자를 하기까지 총 10년이라는 시간이 필요한데, 이것은 투자에서 10년이라는 시간을 잃는 것과 같다. 재차 강조하지만 재테크에서 돈보다 더 중요한 것은 시간이다.

만약 누군가 나에게 "왜 대출을 받아 리스크를 안으면서까지 투자를 해야 하는가?"라고 묻는다면 그 이유는 바로 "투자에서 가장 중요한 시간을 살 수 있기 때문이다"라고 대답할 것이다.

내가 이렇게 레버리지를 이용한 투자를 하라고 해서 많은 분들이 큰 일 날 소리한다고 반기를 드는 분이 많을 것이다.

"대출이 얼마나 위험한지 몰라서 하는 소리이다."

"투자했는데 잘못되면 한 방에 모든 것이 날아간다."

"안전하게 사는 것이 최고다."

하지만 그렇게 이야기하는 사이에 우리가 살고 있는 자본주의 사회는 150원 하던 버스비가 1200원이 되었고, 500원하던 새우깡이 1000원으로 올랐으며, 무엇보다 1억 하던 아파트가 2억이 되었다.

요즘 대구를 비롯한 아파트값이 많이 올라서 거품 논란이 있는 것이 사실이다. 그러나 이러한 논란은 어떻게 보면 큰 의미가 없다. '대구 아파트값이 거품이니 언젠가는 내릴 것이고, 그날을 기다리면 싼값에 주워 담을 수 있다라는 것은 소극적이고 비관적인 경제적 마인드이다.

물론 가격 조정이 올 수는 있다. 가격 조정 없이는 아파트 가격이 100억을 향하고 있을 것이기 때문이다. 다만 마인드를 소극적이고 비관적 마인드가 아닌 적극적이고 긍정적인 투자자의 마인드로 접근하라는 것이다.

대구의 아파트값이 내릴 것으로 판단되면 대구 외에 아파트값이 오를 지역에 투자를 하는 것이 적극적인 자세다. 기다리면 아파트값이 내릴 것이므로 그때 싸게 사면 된다는 계획은 감나무 아래에서 감 떨어지기를 기다리는 것이나 다를 바가 없다. 감나무에 사다리(레버리지)를 대고 올라가서 감을 따든 돌멩이를 던져서 감을 따든 투자마인드를 적극적이고 긍정적으로 바꾸어야 목표한 것을 쟁취할 수 있다.

실사례 1) A지인이 동탄 2신도시에 2014년 2월에 프리미엄 700만 원 주고 구입한 계룡 리슈빌 아파트가 현재 프리미엄 4000만 원을 향해 가고 있다.

실사례 2) B지인이 작년 가을에 서울 가양동 성지아파트를 1억 7000만 원에 샀는데, 현재 3000만 원 올랐다.

대출받아 투자하는 것이 전혀 위험하지 않다는 것은 아니다. 나 역시 2008년에 당시 유행하던 차이나 펀드에 투자해 1억 가까운 돈을 잃은 적이 있다. 투자란 이런 것이다. 투자를 해서 손실이 날 수도 수익이 날 수도 있다. 투자에서 손실은 있을 수 있지만, 손실이 났더라도 그 원인을 면밀히 분석하고 다시 투자하는 마인드를 기르는 사람에게는 위험이 줄어들 수 있다.

하지만 손실이 났을 때 두 번 다시는 투자하지 않겠다고 생각하는 사람에게는 투자가 아주 위험한 것이다. 부자들 중 99%는 투자해서 손실이 난 경험이 한두 번은 있다는 사실을 명심해야 한다.

아무런 투자나 도전 없이 현재의 삶에 만족하며 리스크 없이 살아가는 것은 당분간은 편안할 수 있다. 하지만 시간이 지날수록 늙어갈수록 경제적 리스크는 더 크게 다가온다. 요즘은 마흔만 되어도 직장에서 살아남기가 쉽지가 않다. 마흔 전후로 회사에서 나와 창업을 한다고 한들 자영업 비율이 높아 장사도 잘 안 된다.

우리는 앞으로 최소 100세 시대에 살고 있다. 나머지 60년을 살아가는 것이 숨이 막힐 지경이다. 아이들은 크고 교육비는 점점 늘고 있고, 몸은 더 많은 병원비를 내라고 요구한다.

결코 투자하지 않는 삶이 안전한 것이 아니다. 진짜 위험한 것은 투자하지 않는 삶이다.

아는 후배가 대학을 졸업하고 드디어 취직에 성공했다며 전화가 왔다.

"축하한다. 취업기념으로 주말에 밥 사줄게 나와."

"아, 근데 선배 어떡하죠? 이번 주는 새 차를 뽑으러 가야 되는데 다음주 주말은 어떠세요?"

"이제 갓 입사했는데 무슨 돈으로 새 차를 사?"

"선수금 10% 내고 나머지 90%는 할부로 하면 되요."

첫 월급 300만 원으로 선수금 10%를 내고 나머지 2700만 원은 5년간 할부로 갚는 걸로 계약하면 된다는 이야기다. 모르는 사람 같으면 그냥 듣고 넘기면 될 이야기였지만, 아끼는 후배가 너무 경제적 마인드가 없는 것 같아서 안타까운 마음에 이야기했다.

"대출을 받아 소비하는 것은 최악의 소비활동이야. 사고 싶은 것이 있어도 조금 참고 공부를 하고 투자를 한 후에 사는 것이 나을 것 같은데?"

조언을 해주었는데 안타깝게도 무슨 말인지 잘 못 알아듣는 것 같아서 마음이 아팠다.

대출을 받는 것은 단 한 가지 이유, 즉 투자를 위해서다. 소비를 하기 위해 대출받는 것은 최악의 소비활동이다.

이 후배는 2700만 원을 대출받아 차를 구매하였으니, 아마도 이자가 500만 원 정도 나올 것이다. 따라서 3000만 원이 아니라 3500만 원짜리

리 차를 구매하는 것과 같다. 무엇보다도 5년이라는 시간을 소비하게 된다.

만약 나라면 3000만 원으로 차를 사는 대신, 대출을 받아 지방의 소형 아파트를 전세 끼고 매매할 것이다. 5년이 지나면 그 아파트는 투자금의 2배 되는 수익을 창출할 것이다.

현재		5년 후
3000만 원대출하여 차 구매	⇒	차 1대 보유
3000만 원 대출하여 지방의 아파트 구매	⇒	본인 명의의 아파트 1채 보유, 자동차 1대 살 수 있을 만큼의 수익 실현 가능 (아파트 1채 + 차 1대 가능)

결론을 내리자면 5년이 지나서 그 후배는 차 한 대 가지고 있는 것이 전부이겠지만, 부동산에 투자를 하면 본인 명의의 아파트 한 채와 차를 살 수 있을 정도의 수익을 올릴 수 있게 될 것이다.

대출을 통한 투자는 위험한 것이 아니다. 진짜 위험한 것은 대출을 통한 소비다.

:: 바람직한 소비란?

이 후배처럼 요즘 대학을 졸업하고 직장에 들어가면 보통 2000~3000만 원 정도하는 새 차를 대출받아 구매하는 경우가 종종 있다. 하지만 대출을 받아 소비하는 것은 극히 바람직하지 않은 소비행동이라고 이야기하였다. 그럼 과연 바람직한 소비는 어떻게 하는 것이고, 우리는 언제 자유롭게 소비가 가능한 것일까?

첫째, 진정한 소비는 투자하여 남은 수익으로 하는 것이다.

후배처럼 대출을 받아 3000만 원짜리 차를 사는 것이 아니라, 투자하여 생긴 수익 3000만 원으로 차를 사야 한다. 지인 중에 대구에만 아파트를 10여 채 정도 가지고 있는 분이 있다. 이 분은 월세(비근로소득)가 한 달에 약 1000만 원 가까이 된다. 종잣돈을 모으기 위해 뼈를 깎는 노력을 하였고, 오랜 기간 투자를 하며 오늘날의 부를 이루어냈다.

"난 월세 받은 돈으로 생활비 쓰고 한 번씩 해외여행도 가. 자식들에게 가끔 용돈도 주지. 그리고 남는 돈은 다시 투자를 위해 모으고 있어."

근로소득이 있는 젊은 날에는 불필요한 소비를 줄이고, 그 돈을 모아서 투자를 하고 투자로 생긴 수익으로 소비를 하는 시스템을 하루라도 빨리 갖추어야 한다. 후배는 5년이라는 시간과 노동, 돈을 이용하여 차 한 대를 뽑았지만, 지인은 3개월만 지나면 가만히 있어도 차 한 대 값이 나오는 시스템을 만든 것이다.

종잣돈을 마련하기 위한 투자

투자 수익의 일부를 소비

:: 돈에는 이름표가 없다

우리가 혹시 동물나라 이야기에 나오는 튼튼한 다리만 가지고 근면·성실함으로 무장한 조랑말은 아닐까? 이것은 우리의 책임일 수도 있으나 어찌 보면 사회가 그렇게 되도록 만든 것은 아닐까?

초등학교에서 대학까지 15년이 넘는 시간을 학교에 다니면서 자본주의의 근간이 되는 돈에 대하여 어떤 가르침을 받았는가? 돈의 본질과 속성, 투자, 대출(레버리지)에 대해 어떠한 교육을 받았는가? 학교를 다니면서 열심히 공부하고 좋은 직장에 들어가 그 조직 안에서 충성을 다하도록 트레이닝 되었던 것은 아닐까?

이것은 어찌 보면 기득권자들의 노예가 되기 위한 교육은 아닌지, 그리고 그것이 가진 자에 대한 절대 복종을 위한 교육은 아닌지 생각해 보아야 할 때이다. 시대는 산업화사회에서 지식정보화사회로 아주 빠르게 변화하고 있는데, 학교에서는 아직까지도 산업화사회의 교육방식에 머물러 있다.

지금의 기득권자, 부자들에게는 해가 될 것이 없는 교육이므로 굳이 바꾸려고 하지 않을 것이다. 그들은 자식들에게만 부자로 가는 방법을 가르치고 있다. 이것이 바로 부가 대물림이 되는 이유일 것이다.

그들은 오로지 땀의 가치, 노동의 가치를 아름답게 포장하려 들 것이다. 우리는 아무런 비판의식 없이 그들이 해놓은 예쁜 포장에 속아서 '노동의 가치, 땀의 가치'라는 말에 현혹당하고 있는 것이다.

그 말이 진리라면 한여름 건축현장에서 많은 땀을 흘리며 일하는 분들이 가장 대접을 받고, 시원한 사무실에서 편안한 의자에 앉아 하루에 수억 원을 버는 주식 데이트레이더의 돈은 가장 하찮은 대접을 받아야 마땅하다.

그러나 돈에는 그런 구분을 할 수 있는 이름표가 없어서 건축현장에서 땀을 흘려 버는 10만 원이나 데이트레이더가 버는 10만 원이나 같은 10만 원일 뿐이다. 고로 투자로 돈을 쉽게 벌었다고 해서 입장을 거부하는 레스토랑 주인은 없으며, 건축현장에서 번 10만 원은 더 가치 있는 10만 원이라 하여 서비스를 더 주는 레스토랑은 없다. 식당 주인에게는 다 같은 돈일 뿐이다.

우리 모두는 '자본주의'라는 레일에서 '경제적 자유로 가는 길'을 향해 마라톤을 하고 있는 것과 같다. 어떠한 레버리지를 써도 상관이 없다. 오로지 개인의 선택에 달려있다. 누구는 자동차라 불리는 레버리지를 이용하여 경제적 자유로 가는 길에 빨리 도달할 것이고, 누구는 오로지 자신의 다리와 근면·성실함을 믿고 달리다가 꼴찌로 들어와서 아무런 상금도 받지 못하고 영원히 궁핍한 삶을 살아가는 상황에 직면할 것이다.

'경제적 자유로 가는 길'에 자동차를 타고 갈 것인가? 아니면 열심히 두 다리만 믿고 뭘 생각인가?

그 선택은 여러분들의 몫이다. 이 기회는 마라톤대회의 조랑말처럼 어찌 보면 마지막일지도 모른다.

지금 당장 가계부를 찢어라

:: 게임의 법칙을 아는 것이 중요하다

전 세계인들이 가장 좋아하는 게임, 축구. 이번 2014 브라질 월드컵에서 우리나라 국가대표팀은 1무 2패로 조별리그에서 탈락했다. 1승도 하지 못하고 졸전을 펼친 홍명보호에 대한 비난이 거세다. 단지 승리를 하지 못하였기 때문이 아닌 편협한 선수 기용과 극단적인 수비적인 전술을 펼친 것에 대하여 비난하는 것이다.

축구란 스포츠는 골을 많이 넣는 팀이 이기는 단순한 게임이다. 기본적으로 골을 많이 넣기 위해서는 공격적인 전술을 하는 것이 필요하다. 물론 빗장수비로 대변되는 이탈리아 축구가 월드컵 우승을 한 적도 있지만, 역대 우승팀 면면을 보면 적극적인 공격전술을 펼친 팀이 대부분이며 이탈리아 또한 걸출한 공격수를 보유하고 있다.

갑자기 축구이야기를 꺼낸 이유는, 축구란 게임에서 이기기 위해서는 수비적인 전술이 아닌 공격적인 전술이 정답이라는 것을 말하기 위함이다. 누가 골을 더 많이 넣느냐가 핵심이다.

게임의 법칙 1.
축구란 게임에서 이기기 위해서는 수비가 아닌 공격적인 전술이 필요하다.

축구		
공격적인 전술	>	수비적인 전술

여기에 또 다른 재미난 게임이 있다. 바로 테니스이다. 테니스는 아무래도 신체조건이 뛰어난 미국과 유럽인들이 세계무대에서 좋은 성적을 낸다. 하지만 우리나라 선수들도 주니어 무대에서 우승하며 꽤 좋은 성적을 내기도 한다.

1994년에는 세계에서 가장 권위 있는 대회인 윔블던 주니어 대회에서 전미라 선수가 결승까지 가서 그 유명한 힝기스 선수와 당당하게 시합을 치룬 적도 있었다. 전미라 선수 외에도 이종민, 김선용, 정현 선수 등이 주니어 무대에서 결승까지 올랐었다.

하지만 이렇게 뛰어난 선수들이 성인 무대에 가서는 좋은 성적을 내지 못하고 소리 소문 없이 사라진다. 앞서 말한 힝기스 선수는 주니어 무대에서뿐만 아니라 성인 무대에서도 좋은 성적을 내서 테니스계의 전설로 남아 있다. 오히려 외국 선수들은 주니어 때보다 성인이 되어서 좋은 성적을 내는 경우가 더 많다. 그 이유는 무엇일까?

그동안 대다수의 우리나라 체육 지도자들은 어린 선수를 지도할 때 그 선수의 잘못된 점을 고쳐나가는 데에 주력하였다. 하지만 외국의 경우, 어린 선수를 지도할 때 성인이 되기 전까지 그 선수의 단점보다는 그 선수가 가지고 있는 장점을 극대화하는데 초점을 맞춘다.

예를 들어 서브가 아주 뛰어난 선수가 있는가 하면, 백핸드 스윙에 약점이 있는 선수도 있다. 우리나라 지도자는 백핸드 스윙을 고쳐나가는 데 주력하는 나머지 그 선수가 가지고 있는 서브의 장점에는 신경을 덜 쓴다는 것이다.

하지만 외국의 경우는 백핸드 스윙에 대해서는 차차 고쳐나가는 계획을 세우고, 서브의 장점을 극대화하고 세분화해서 서브를 더 강하게 넣는 방법, 서브에 회전을 넣는 방법, 서브 강약 조절하는 방법, 서브게임에서 점수 올리는 방법 등을 가르친다는 것이다.

이는 우리나라 국민들이 가장 좋아하는 스포츠인 야구를 보면 확연히 드러난다. 우리나라 야구선수의 경우 타자들의 타격자세는 천편일률적으로 거의 동일하다. 어렸을 때부터 지도자들이 정해진 타격자세와 스윙 폼 그리고 스윙 메커니즘에 맞춰 선수들을 지도하는 결과이다.

하지만 메이저리그 경기를 보면 배트를 45도 위로 쭉 올려서 치는 선수, 양 허벅지를 붙여서 치는 선수, 배트를 좌우로 흔들면서 치는 선수 등 다양한 타격자세를 가진 선수들이 많다. 그 선수의 개성을 존중해주고 그 선수가 가진 장점에 초점을 맞추어서 트레이닝한 결과다.

> 게임의 법칙 2.
> 주니어 선수의 경우, 단점에 초점을 맞추기보다는 있는 장점을 극대화해 나가는 것이 중요하다.

주니어 선수		
장점 극대화	>	단점 보완 및 교정

전 세계인들은 '돈 모으기 게임'에도 열광한다. 우리는 저마다 어떤 시점이 되면 돈을 모으고자 결심을 한다. 사랑하는 사람과의 보금자리를 마련하기 위해, 아이들과 함께 더 넓은 아파트에서 살기 위해, 안정적인 노후생활을 영위하기 위해서 등 이유는 다양하다.

그런데 돈을 모으고자 결심을 할 때마다 이상하리만치 공통적으로 하는 행동이 있다. 바로 가계부를 작성하는 것이다. 돈을 모으고자 계획하면 가계부를 사 나가는 돈을 막을 준비를 한다. 학원비, 문화생활비 등을 줄이다가 때론 부모님 용돈을 줄이기도 한다.

지출을 줄이면서 돈을 모으기 위해서는 상당한 시간과 노력이 필요하다. 재테크에서 가장 중요한 시간을 너무 소비하게 된다. 돈을 모으기 위해서는 지출 통제가 아닌 소득을 늘려나가는 것이 중요하다. 즉, 돈을 모으는 게임은 한정된 소득에 지출을 줄여나가는 것보다는 한정된 지출에 소득을 증가시키는 것이 게임에서 이길 수 있는 방법이다.

> 게임의 법칙 3.
> 돈을 모으는 게임에서 이기기 위해서는 지출을 줄이기보다는 소득을 증가
> 시켜 나가야 한다.

돈 모으기 게임		
소득을 증가해나감	>	지출을 줄여나감

내용을 종합해보면 다음과 같다.

	목표	게임의 법칙 오류	게임의 법칙 진리
축구	상대보다 골을 많이 넣는다	방어적인 전술로 지지 않는 게임을 한다	공격이 최고의 수비전술이며, 공격적인 전술로 이기는 게임을 한다
체육 지도자	좋은 선수를 만든다	단점에 초점을 맞춘다	장점을 극대화시킨다
돈 모으기	돈을 많이 빨리 모은다	지출을 줄인다	소득을 증가시킨다

게임에 참가한 구성원들이 이러한 법칙을 잘 모른 채 살아간다. 대부분의 사람들이 자기와 똑같이 산다고 생각하며 의심 없이 그냥 그렇게 살아간다.

자, 돈을 모으기로 결심했는가? 그럼 당장 가계부를 찢어라. 단언컨대 영화 관람을 줄이고, 학원비 줄이고, 부모님 용돈을 줄여서는 부자가 될 수 없다.

:: 가계부가 아닌 투자일지를 작성하라

자, 그렇다면 소득을 증가시켜나가기 위해서는 어떻게 해야 할까? 그 시작은 바로 가계부 작성이 아니라 투자일지를 작성하는 것이다. 가계부의 존재 이유는 이 달에 얼마를 썼으니 다음 달에는 얼마를 줄이겠다는 의지를 강화시키는 것이다. 반대로 투자일지의 존재 이유는 이번에 얼마를 투자해서 다음에 얼마의 수익을 목표로 하겠다는 것에 있다.

가계부를 작성하면 계획하는 것이 아이의 학원비를 줄이는 것, 문화생활비를 줄이는 것, 부모님의 용돈을 줄이는 것 등이기 때문에 소극적이고 부정적인 마음밖에 생기지 않는다.

반대로 투자일지를 작성할 때는 목표가 시중은행에 예금해 두었을 때보다 많은 이익을 얻는 것이기 때문에 공부를 할 수 있게 된다. 투자일지를 적음으로써 펀드를 알게 되고, 월세 수익구조를 알게 되고, 경매를 알게 됨으로써 적극적이고 긍정적인 사고를 가지게 된다.

가계부 작성	투자일지 작성
1. 지출을 줄여나가는 방식	1. 소득을 늘려나가는 방식
2. 생활비를 줄여나가는 것을 계획하는 부정적인 마인드	2. 소득을 늘려나가는 방법에 대한 연구와 투자를 하는 긍정적인 마인드
3. 한정된 소득에 지출을 줄이는 소극적인 마인드	3. 한정된 지출에 소득을 늘려나가는 적극적인 마인드

투자일지의 형식은 따로 없으나 중요한 것은 매일 작성하는 것이다. 매일 작성한다는 것의 의미는 매일 투자하라는 것이 아니라 '투자에 대한 관심, 트렌드, 흐름을 놓쳐서는 안 된다'는 의미다.

투자일지의 내용은 다양하다. 그날 경제 신문의 요점을 적어도 되고, 기사에 어디 지역의 월세 수익률이 10%라고 하면 스크랩하고 부동산에 전화해서 시세를 파악하고 현장답사 계획을 짜고 느낀 소감을 적으며 투자 계획을 세워도 된다.

투자 계획을 세우다 보면, 월 소득과 대출 규모가 파악되고, 대출 이자를 갚기 위해 자연스럽게 술자리 등의 유흥비가 줄여진다. 즉, 가계부 적는 것이 목적이 되어서는 안 되며 투자를 위한 재무계획을 짜다 보면 자연스럽게 불필요한 지출을 줄여나가게 된다. 나아가 소득을 증가시켜나가는 방법에 대해서도 곰곰이 생각해 보게 된다.

자, 결론을 내려보자. 위에서 보았듯이 모든 게임에는 그 게임을 컨트롤하고 지배하는 법칙이 있다. 게임에 들어가기 전에 그 법칙을 먼저 깨우치고 게임에 들어가야 한다. 그 법칙을 모르고 들어가서는 온갖 상처만 입을 뿐이다. 그 법칙을 알고 게임에 들어가는 자와 모르고 들어가는 자의 차이는 분명하다. 누가 게임을 이길 수 있을까? 게임의 법칙을 아는 것! 게임의 승리를 위한 출발점이다.

분산투자 절대로 하지 마라

:: 터닝포인트와 티핑포인트를 찍어라

며칠 전, 친한 후배와 커피숍에서 만났다. 후배는 대학을 나와 작년에 29살의 나이로 어렵게 취직에 성공했고, 조만간 결혼할 계획을 가지고 있었다. 전화가 와서 이야기할 것이 있다고 해서 만나게 되었다.

후배 형, 요새 직장도 힘들고 짜증만 나. 언제까지 이 일을 해야 하는지 생각하면 답답하고. 빨리 돈 벌어서 직장 그만두고 내가 하고 싶은 일을 하면서 살고 싶어. 그래서 말인데, 형 빨리 부자가 되고 싶은데 어떡하면 되지?

푸르미미 글쎄, 먼저 자신이 원하는 것이 무엇인지 아는 것이 중요해. 자신이 원하는 것을 알면 저절로 목표가 설정이 되지. 그리고 그 목표에 집중하는 것! 원

하는 것을 발견하고 그것을 갖기 위해 목표를 설정하고 노력하는 것이 인생 아

닐까?

자기가 원하는 것을 발견 ⇒ 목표 설정 ⇒ 목표 달성을 위해 노력

너는 빨리 부자가 되서 경제적 자유의 길로 들어서길 원하는 것 같아. 그렇다면

너가 부자가 되고 싶은 이유 100가지를 쭉 적어봐. 그 이유는 그냥 돈이 많으면

하고 싶은 것을 마음대로 할 수 있으니까가 아닌 구체적이고 현실적이어야 해. 그

것이 머리에 오래 남게 되어있거든.

〈부자가 된다면 좋은 이유 100가지 리스트 작성〉

1. 직장에서 하기 싫은 일은 안 해도 된다.

2. 직장에서 보기 싫은 상사를 안 봐도 된다.

3. 여행을 마음껏 다닐 수 있다.

4. 하고 싶은 운동을 배울 수 있다.

5. 갖고 싶은 자동차를 살 수 있다.

〈부자가 되어서 좋은 이유 100가지〉를 상상하는 것도 부자가 되어야

겠다는 결심에 큰 효과가 있지만, 때로는 부자가 안 되었을 시에 어떤 일

이 벌어질 지 상상해 보는 것도 나름의 효과가 있을 수 있다.

〈부자가 되지 못했을 경우 불행한 이유 100가지〉

1. 가족 중 한 명이 병원에 입원해서 수술해야 하는데 돈이 부족하여 수술 여부를 고민하는 것

2. 자식이 좋아하는 예체능 교육을 돈이 없다는 이유로 못해 주는 것

3. 매일 직장에 출근하여 단지 돈을 벌기 위해 하기 싫은 일을 하는 것

...

위에서 이야기한 것처럼 부자가 되었을 시에 너무나도 좋은 점이 많다는 것을 직접 상상하면서 느꼈을 것이고, 부자가 안 되었을 시에 불행한 모습도 상상하면서 느꼈을 것이다. 상상을 하면서 앞으로 돈을 모아야겠다는 확고한 결심이 섰을 것이다. 우리는 이러한 인식의 전환 또는 인생의 전환점을 '터닝포인트'라고 한다.

부자가 되고 싶다면, 부자가 되어야 하는 이유와 부자가 되겠다고 결심하는 터닝포인트를 찍어야 한다. 그러면 조금씩 의미 없는 술자리는 줄어들고, 신문의 경제면에 관심을 기울일 것이며, 자연스럽게 재테크 모임이나 재테크 강연회 등에 참석하게 될 것이다.

꼭 부자가 되어야겠다는 결심 ⇒ 인생의 터닝포인트를 찍어라

후배 오늘 집에 가서 〈부자가 되어야 하는 이유 100가지〉와 〈부자가 되지 못했을 경우 불행한 이유 100가지〉를 구체적으로 한번 상상하면서 적어 볼게. 오늘이 부자가 되기로 결심한 인생의 터닝포인트야. 근데 결심만 한다고 부자가 되는 것은 아니잖아?

터닝포인트

푸르미미 맞아! 결심만으로 부자가 될 수 있다면 세상에 가난한 사람은 없겠지. 결심을 했다면 거기에 따른 실행을 해야 하는 거야. 부자가 되겠다는 사람 중 열에 아홉은 결심만 하고 실행(투자)을 안 하고, 실행을 하는 사람 중 열에 아홉은 잘못된 실행(투자)을 하는 것 같아. 그래서 부자가 되기 어렵지.

부자의 길로 들어서기 위해서는 투자를 꾸준히 해서 티핑포인트 (Tipping Point)를 찍어야 한다. 티핑포인트란 아주 작은 것에서 출발하여 어느 정도에 달하면 극적으로 변화되는 순간을 말한다. 물이 1도에서 99도가 될 때까지 많은 시간과 노력이 들지만, 100도가 될 때 물은 갑자기 불과 1도의 차이로 큰 변화가 생긴다. 100도가 되어야 드디어 끓기 시작하는 물처럼 투자를 꾸준히 하다 보면 어느 순간 자신의 부가 급등하는 것을 느낄 수 있을 것이다. 물론 투자만 열심히 한다고 해서 부가 급등하는 것은 아니며, 투자에 대한 지식이 동반되어야 한다.

갑자기 부가 급등하는 상황 ⇒ 인생의 티핑포인트를 찍어라

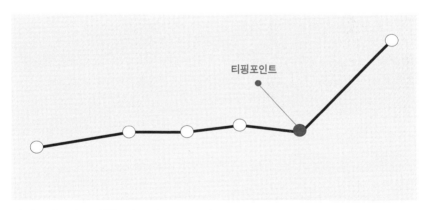

티핑포인트란, 균형을 깨뜨리는 점. 작은 변화들이 어느 정도 기간을 두고 쌓여 작은 변화가 조금만 일어나도 갑자기 큰 영향을 초래할 수 있는 상태가 된 단계

아무런 생각 없이 그저 남이 하는 대로 또는 남이 정해 놓은 대로 살

면, 내가 원하는 인생을 살 수 없다. 이러한 인생은 큰 감동도 감흥도 없다.

Point

인생에서 한 번은 반드시 반전을 그리는 포인트(터닝포인트)를 찍고, 상승의 변곡점(티핑포인트)을 찍어야 한다. 그것이 경제적 자유로 가는 유일한 방법이다.

후배 인생의 터닝포인트와 티핑포인트를 찍어라. 멋진 말인 것 같네. 근데 생각해 보니까 나도 티핑포인트를 찍기 위해서 나름 투자하고 있었네. 작년에 직장 들어 가고 나서 은행원의 권유로 그동안 모은 2000만 원을 3개의 펀드에 나눠서 가 입했거든. 나름 리스크 관리한다고 3개에 나누어서 투자했지.

푸르미미 투자는 은행원의 권유를 받고 하는 것이 아니야. 은행원이 너의 투자금 과 인생을 책임져 주지는 않잖아. 2000만 원을 투자한다고 하면 너의 1년 연봉 을 투자하는 것과 같아. 그 돈이 어떤 돈이야? 1년 동안 아침에 일어나기 싫어도 출근하고, 상사들 눈치 보고, 때로는 야근하고, 때로는 하기 싫은 회식도 하면서 번 돈이잖아.

그렇게 고생하면서 번 돈을 투자하는데 은행원이 권유해서 투자했다고? 만약 그 투자가 성공적이어도 남의 지식을 이용한 것이기 때문에 그 수확물은 너의 것이 아니야. 너의 것이 아닌 것은 언젠가는 다시 나가게 되어 있어. 이 말은 꼭 명심하길 바란다.

나 역시도 남의 권유로 시작해 펀드 투자로 수천만 원의 수익을 냈다가, 결국에는 1억 원을 날려버린 적이 있어서 잘 알고 있고. 부자들의 이야기를 들어봐도 공통적으로 하는 말이니 명심해.

:: 나만의 투자원칙을 세워라

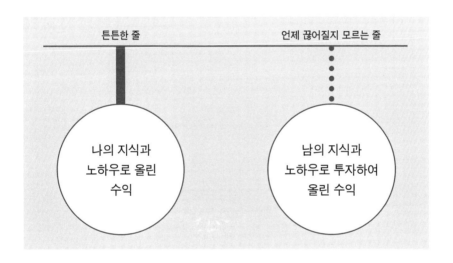

투자를 하기 위해서는 자신만의 투자원칙이 먼저 세워져야 한다. 투자원칙이란, 언론에 전문가라는 사람들이 나와서 모두가 'Yes'라고 말할 때 자신감 있게 'No'라고 말할 수 있는 풍부한 투자지식을 바탕으로 만들어지는 것이다. 투자원칙이 있으면 주변의 나름 고수라는 사람이 와서 이러쿵저러쿵 이야기할 때도 갈대처럼 흔들리지 않게 된다.

투자 지식, 투자마인드 ⇒ 투자하기 전 자신만의 투자원칙 확립 필요

투자 지식과 마인드가 없다면 투자하지 않는 것이 피 같은 돈을 지키는 것이다. 그러한 투자 지식과 마인드가 없다면 투자원칙을 확립한 다음에 투자하는 것이 돈을 지키는 유일한 방법이다.

투자원칙과 투자마인드를 세운 다음에는 분산투자를 하는 것보다는 집중투자를 하는 것이 낫다.

후배 '투자지식과 투자마인드를 기른 다음에 투자에 들어가라'라는 말이 무슨 의미인지 알 것 같아요. 그런데 왜 분산투자를 하지 말라는 거예요? 내가 읽어본 재테크 책에는 대부분 위험을 관리하기 위해 분산투자를 하라고 하던데……. 그 유명한 말도 있잖아요. 계란을 한 바구니에 담지 마라!

푸르미 '계란을 한 바구니에 담지 마라'라는 말은 틀린 말이 아니야. 반은 맞고 반은 틀린 말이야. 그 말은 지금 부자가 된 책의 저자에게는 맞는 말이지만 부자가 되고자 하는 서민들에게는 맞는 말이 아니야. 수십 억의 투자금을 가지고 있는 부자에게는 수익성도 중요하지만 안전성도 중요해. 따라서 그들은 돈을 안정적으로 운용하기 위해서 즉, 돈을 굴리기보다는 지키기 위해서 분산투자하는 것일 뿐이야. 하지만 수십 억이 아닌 많아야 몇 천만 원의 투자금을 가지고 있는 서민들이 경제적 자유로 가기 위해서는 분산투자가 아닌 집중투자하여 수익률을 배가시키는 것이 중요해.

단언컨대, 분산투자는 '손실을 줄이는 투자방법'이지 '수익을 극대화하는 투자방법'은 아니다. 이것은 앞서 이야기한 '투자에서는 게임의 법칙을 알고 시작하는 것이 중요하다'라는 내용과 일맥상통한다.

부자가 되기를 갈구하는 서민들 중 투자하는 종목에 대해 깊은 이해가 있고 확실하게 본질을 꿰뚫고 있다면 그 종목에 집중 투자해야 한다. '분산투자하라'는 것은 냉정히 말해 투자 종목에 대한 분석이 정확히 안되어 있고, 투자 종목에 대해 확신이 없으며, 투자 종목에 대해서 무지하기 때문에 '분산투자'라는 예쁜 말로 포장하는 것일 뿐이다.

분산투자	집중투자
마치 투자에 있어서 절대적인 진리인것처럼 생각하는 사람이 많음	투자에 대해 잘 모르고 위험한 투자방법으로 생각하는 사람이 많음
손실을 줄이는 투자방법	수익을 극대화 하는 투자방법
부자들이 선택하는 투자방법	서민들이 경제적 자유로 가기 위해 선택하는 투자방법

후배 그러니까 서민이 부자가 되기 위해서는 계란을 한 바구니에 담아서 수익을 극대화하라는 말이네요. 근데 이것은 흔히 속된 말로 '몰빵하라'는 의미인데, 잘되면 대박이지만 잘못되면 쪽박이지 않나요?

푸르미미 투자는 '잘되면 대박, 잘못되면 쪽박'의 차원이 아니야. 먼저 우리가 사는 자본주의 세상의 본질을 볼 줄 알아야 해. 우리가 살고 있는 자본주의 세상은 정글의 세계와 같아. 우리는 정글의 세계에서 살아 남기 위해 투자를 해야돼. 즉, 투자는 목숨을 걸고 하는 거야.

그렇다면 투자라는 것이 과연 목숨을 걸고 해야 할 만큼 간절하고 절박한가? 이 세상에 태어나는 순간, 자신의 의지와는 상관없이 정글의 세계에 들어온 것과 같다. 정글의 세계에서는 약육강식의 법칙이 존재한다. 즉, 강한 자만이 살아남고 약한 자는 강한 자에게 먹히게 되어 있다.

우리가 투자를 하는 이유는 강한 자가 되기 위한 것도 있지만, 강한 자에게 먹히지 않기 위해서다. 즉, 살기 위해 투자하는 것이다. 투자를 하지 않으면 오히려 안전하지 않냐고? 투자를 하지 않는 것은 냄비 속의 개구리처럼 자신도 모른 채 서서히 죽어가는 것과 같다.

너무 잔인하게 표현했다고 생각하는가? 그럼 경매라는 제도를 한번 보자. 한 사람이 사업을 하기 위해 돈을 빌리려고 은행에 간다. 은행 입장에서는 생전 처음 본 사람한테 돈을 빌려주기 어렵다. 당연히 은행은 이 사람이 돈을 못 갚는 경우를 대비해 그 사람이 살고 있는 집을 담보로 돈을 빌려준다. 그 사람은 집을 담보로 돈을 빌려 사업을 시작할 수 있다.

그런데 만약 그 사업이 잘 안되서 대출금을 못 갚게 된다면? 은행은 그 사람이 대출금을 갚을 때까지 기다려 줄까? 은행은 지체 없이 경매라는 제도를 이용하여 은행이 빌려준 돈을 돌려받기 위해 노력한다.

경매하는 곳에는 수많은 사람들이 와서 그 경매물건을 조금이라도 싸게 살려고 달려든다. 이 모습은 마치 정글에서 무리를 지어가던 아기 염소가 잠시 한눈을 팔면서 무리를 이탈하여 방황하고 있는데, 여러 마리의 맹수가 기회를 노리고 있다가 달려들어 어린 염소를 잡아 먹는 것을 연상시킨다.

다시 한번 강조하지만 투자라는 것은 목숨 걸고 해야 한다. 진짜 목

숨을 걸어야지 목숨을 거는 것이 아니라, 가족의 건강과 행복을 지킬 수 있는 힘(돈)이 없는 것은 곧 목숨을 잃는 것과 같지 않은가? 그래서 투자하기 전에 심사숙고해야 하는 것이다. 따라서 투자하기 전에 투자 지식을 쌓고 투자마인드를 기른 다음에 투자원칙을 세우고 투자해야 한다.

후배 '목숨 걸고 투자하라!' 확 와 닿네요. 그럼 앞으로 목숨 걸고 투자 공부를 해야 되겠네요. 지금 만약 투자원칙이 세워졌다면 과연 어디에 투자하는 게 좋을까요?

푸르미미 지금은 지방의 부동산 가격이 폭등하고 있어. 그 대열에 같이 동참하는 것이 바람직한 투자라고 생각해. 흔히들 물 들어올 때 노를 저으라고 이야기해. 물이 다 빠져 나간 뒤에 아무리 노를 저어도 배는 움직이지 않지만, 물이 다 찼을 때는 별로 힘을 들이지 않아도 배를 움직일 수 있다는 의미야. 이 말은 좋은 기회가 있을 때 그 기회를 포착하고 과감히 배팅해서 이익을 극대화하란 말과도 같지.

날아오르는 로켓에 올라타야 한다. 부동산 투자에 있어서 지금은 대구, 경북을 비롯한 아파트가 대세다. 대구, 경북의 부동산투자에 올라타야 한다. 구글의 에릭 슈밋 회장도 로켓이 올라가고 탈 자리가 생겼으면 자리가 어딘지 묻지 말고 그냥 올라타라고 조언했었다. 기회를 포착하였다면 죽기 살기로 기회를 잡으라는 말이다.

지금 부동산 투자에서 로켓은 대구의 부동산 시장이다. 그리고 그 로켓의 연료는 다음과 같다.

1.   박근혜 대통령 지역구

2.   최경환 경제 부총리 지역구(경산)

3.   정부의 부동산 띄우기 정책(저금리)

4.   지상철 3호선 개통 예정

5.   지하철 1호선 연장

6.   테크노폴리스 개발

7.   국가산업단지 개발

8.   혁신도시 개발

9.   지방균형 발전 정책

마지막으로 명심할 것은 연료가 다 소비되기 전에 올라타야 한다는 점이다. 연료가 다 소비되면 바닥을 향해 떨어지는 것은 당연한 이치이다.

후배가 그날 마신 커피는 예전과 다르게 그렇게 달지 않고 약간 씁쓸하게 느껴졌을 것이다. 그 씁쓸함에 대하여 앞으로도 잊지 말기를 바란다.

같은 곳에 투자한다고 해서
리스크와 수익이 같은 것은 아니다

:: 이기고 들어가는 게임을 하라

지난번에 후배와 커피숍에서 2시간 넘게 이야기한 후, 며칠이 지나서
다시 후배가 만나고 싶다는 연락이 왔다.

후배 머리가 아파서 죽을 지경이에요. 형의 이야기를 듣고, 형이 쓴 글을 다 읽
고 며칠 동안 어디에 투자해야 하는지 연구하고 열심히 찾아봤어요. 형이 카페
에 쓴 글 중에 '투자의 승패는 팔 때가 아라고 살 때 판가름 난다'를 특히 정독
했어요. 그래서 형이 투자했던 것처럼 부도난 아파트 현장이 있는지도 알아보았
고 또 미분양 할인하는 아파트가 있는지 찾아보았는데 없었어요. 그러면 이제는

투자할 곳이 없는 것 아닌가요?

푸르미미 투자의 승패는 팔 때가 아니라 살 때 판가름 나는 것은 맞아. 나는 그렇게 믿고 있어. 싸움에서 이기고 들어가는 것이지.

그래서 나는 그동안 부도난 아파트 현장의 싸게 재분양하는 물건을 샀고(달서구 S아파트, 수성구 H아파트), 미분양 할인하는 아파트를 샀고(수성구 H아파트, 달서구 E아파트), 5년간 양도세가 면제되는 아파트를 샀고(수성구 H아파트), 재건축하는 아파트의 조합원 입주권을 샀지(서구 P아파트). 내가 산 물건들은 아파트를 일반 분양받아서 구매할 때보다 최소 몇 천만 원 이상은 싸게 산 거야. 사는 순간 수익을 남기고 산 거지. 최소한 더 떨어질 가능성은 없다고 보고 산 거야.

후배가 조사한 대로 대구 달성군의 일부 아파트를 제외하고, 요즘 대구 아파트 시장이 활황이어서 나와 같은 조건의 물건이 더 이상 없다는 것 또한 맞는 말이다. 부동산 하락기 시대와 달리 지금처럼 상승기 시대에 이기고 들어가는 게임을 하려면 어떻게 해야 할까?

첫째, 부동산 시세의 흐름을 파악한 후 대세 상승기를 한번 더 이끌고 갈 수 있는 주도주에 미리 투자한다.

내가 투자한 지역의 아파트는 다음과 같다.

1. 2010년 서구의 P아파트

2. 2011년 달서구의 S아파트

3. 2013년 수성구의 H아파트

서구 ⇒ 달서구 ⇒ 수성구 순으로 투자를 하였다. 대구 부동산의 시세 상승 흐름과 잘 맞아떨어졌다.

2010년 즈음에 20평대 새 아파트의 공급이 부족해서 소형평수 아파트와, 서구와 칠곡처럼 저평가된 아파트가 많이 올랐다. 2011년부터는 달서구의 역세권 주위의 새 아파트가 그 가치를 인정받아 많이 올랐고, 2013년부터는 대구의 주도주인 수성구가 부동산 상승을 이끌고 있다. 이 시세의 흐름을 잘 파악한다면 지금도 이기고 들어가는 투자를 할 수 있다. 그리고 한번 더 상승을 이끌고 나아갈 수 있는 투자처를 찾을 수 있다고 생각한다.

둘째, 직접 토지를 매입하고 건축하여 일반 소비자들에게 분양하는 것이다.

부동산 투자의 패러다임을 바꾸는 것이다. 기존에 아파트나 상가 등 분양받는 입장에서 분양하는 입장이 되라. 그러면 자신이 들인 투자금액 이상으로 매매가를 산정하여 판매를 하기 때문에 이기고 들어가는 게임이 될 수 있다. 토지를 매입하여 점포 겸용 주택을 지어서 매매도 할 수 있고, 상가부지의 토지를 매입하여 상가를 지어 매매도 할 수 있다. 하지만 토지를 매입하고 설계를 하고 건축할 정도가 되려면 이쪽 분야에 어느 정도 내공을 갖추고 있어야 가능한 것이다. 나 역시도 이쪽 분야에 대해서 공부 중이다.

> 후배 나는 형이 말한 것처럼 부동산의 시세 흐름을 읽는다거나 토지를 매입하여 건축할 정도의 지식과 내공을 갖추고 있지 않은데 어떻게 해야 할까요?
>
> 푸르미미 역사는 반복돼. 부동산의 사이클은 상승–하락, 상승–하락을 반복하면서 지금까지 온 거야. 조만간 하락 또는 조정의 기간을 거칠 거야. 하지만 그 이후에 또 상승 구간으로 갈 거라고 확신해.

진짜 부자는 부동산 상승장이 아니라, 부동산 하락장에서 나온다고 한다. 외환위기와 서브프라임 모기지 사태 때 주가가 떨어지고 부동산 심리가 얼어붙어 모두들 투자를 기피할 때 분석하고 연구하여 저평가된 물건을 찾고 언젠가는 회복한다고 예상한 이들이 나중에 진짜 부자가 되었던 것이다.

기회가 왔을 때 돈이 부족한 경우보다 더 안타까운 것은 투자를 할 줄 아는 눈이 없는 경우다. 돈이 없으면 대출을 받든가 지인에게 빌릴 수도 있다. 투자에 대한 확신이 있으면 어떻게든 돈을 끌어 모을 수 있다. 하지만 투자의 눈을 가지고 있지 못하면 많은 돈을 가지고 있어도 무용지

물이 될 수밖에 없다.

다가올 조정장과 하락장을 대비해 부동산 지식을 쌓자. 그것이 또 다른 기회가 될 것이다. 셰퍼드처럼 그 기회를 잡고 절대로 놓지 말자.

후배 요즘 대구의 아파트 가격이 많이 올라서 아파트에 투자해 돈을 벌었다는 이야기를 많이 들었어요. 그래서 가만이 있으면 뒤쳐지는 것 같다는 생각이 들어요. 나도 당장 어디든 투자해야 될 것 같고요. 그래서 이번에 투자 경험 쌓는 셈 치고 새로 분양하는 아파트 분양 한 번 받아볼까 하는데 어떻게 생각해요?

지난 월드컵에서 사상 첫 원정 8강을 목표로 했던 홍명보 감독이 조별리그 3경기에서 1무 2패를 기록하며 벨기에, 알제리, 러시아에 이어 '꼴찌'로 대회를 마무리했다. 홍명보 감독은 경기 직후 인터뷰를 했다.

"아직 젊은 선수들이고 미래가 촉망되는 선수들이 월드컵에서 좋은 경험을 했다."

이에 당시 해설을 하고 있던 이영표 해설위원은 이렇게 말했다.

"월드컵은 경험하는 무대가 아니다. 월드컵은 최고의 실력으로 증명해 보이는 대회다."

개인적으로는 이영표 해설위원의 말이 맞다고 생각한다. 월드컵은 각 나라를 대표하는 선수들이 모여서 실력을 겨루는 최고의 무대이다. 그 무대에서는 오로지 승리 아니면 패배만 존재한다.

패배 후 '경험을 쌓았다'라는 말은 가장 좋은 변명일 수는 있다. 하지만 투자라는 세계 역시 강자만이 살아남는 약육강식의 법칙이 존재하는 정글의 세계와 같다. 그러한 세계에 아무런 준비도 되어 있지 않은 상태에서 관련 지식도 없이 단순히 경험을 쌓기 위해 발을 디디는 것은 마치 하룻강아지가 밀림의 세계에 뛰어드는 것과 같다. 아직 투자할 지식과 준비가 안 되어 있다면 조바심 내면서 투자할 필요는 없다. 세계 최고의 부자 워렌 버핏도 이런 원칙을 가지고 있다.

투자의 제1원칙 : 원금을 잃지 않는다.
투자의 제2원칙 : 제1원칙을 꼭 지킨다.

후배가 말한 '경험을 쌓는다'는 것은 '나는 돈을 잃어도 좋다'라는 말과 같다. 피 같은 돈을 지키는 것 또한 투자이다. 절대 조바심 내지 마라. 역사는 돌고 돈다. 아무런 준비가 되지 않은 밀림의 세계에 들어갔다 가는 피투성이인 상처만 남을 것이다. 이제 20대 후반의 나이에 지금부터 준비하면 30대 중반쯤에 좋은 기회가 올 것이다. 기회가 올 때 잡을 수 있는 눈을 기르는 것이 먼저이다.

부자가 되기 위해서는 이 3가지 마음을 잘 컨트롤 할 수 있어야 한다. 나는 부자들이 심리학 책을 자주 읽는다는 것을 처음에는 이해를 못했는데 이제 조금씩 이해가 된다.

후배 그럼 형이 지금 투자한 곳은 어디인지 말해 줄 수 있어요? 형이 투자한 곳을 따라서 투자하고 싶어요.

푸르미미 그건 안 돼. 내가 투자한 지역을 너에게 안 가르쳐주는 이유는 크게 3가지야.

첫째, 만약에 남이 추천한 상품을 선택해서 그 결과가 잘못된다면?

너는 다시는 투자 같은 거 안 한다고 결심할 수 있고, 투자자의 길을 외면할 수

도 있어. 투자자의 길을 외면한다는 것은 영원히 경제적 자유로 가는 길을 못 가

게 된다는 말과 같아. 그래서 인생의 첫 투자는 이왕이면 수익이 조금 적더라도

안정적인 곳에 투자해서 무조건 수익을 내는 것이 중요해. 그렇게 해서 수익의

즐거움을 느끼고, 투자하는 것에 습관을 들이는 것이 좋아.

둘째, 남이 추천한 상품을 선택해서 그 결과가 좋다면?

그 수익은 너의 것이 아니야. 너의 지식과 투자마인드로 생기는 수익이 아닌 남

의 힘을 빌려서 생기는 수익은 언젠가는 다시 나가게 되어 있어. 나 역시도 뼈저

리게 느꼈고.

셋째, 너가 지금 나와 같은 곳에 투자한다고 해서 리스크까지 같을까?

아니야. 그 이유는 투자 시기와 투자자의 자산의 규모가 다르기 때문이야.

〈투자 시기〉

2011년 대구 부동산 상승기 초입에 투자에 들어간 사람과 2014년 말 현재 부동

산 상승기 정점을 향해 가는 시점에 투자에 들어간 사람과의 수익률은 엄청난

차이가 나. 리스크에 있어서도 엄청난 차이가 나고. 따라서 같은 곳에 투자하였

다고 하더라도 투자 시기에 따라서 리스크는 다르지.

196

〈투자자의 자산규모〉

자산에 여유가 있는 사람의 경우, 투자한 상품이 손해가 나더라도 여유가 있어. 몇 년이 걸리더라도 상승장까지 보유하고 있다가 결국에는 수익을 낼 수 있어. 하지만 자산에 여유가 없는 사람은 그렇게 할 수 있을까? 상승장까지 보유할 수 있는 심리적, 경제적 여유가 없어 손해를 보더라도 빨리 매도를 해버리지. 같은 곳에 투자했다고 하더라도 투자자의 자산규모에 따라서 리스크는 다를 수밖에 없어. 포카를 치면 나중에 돈을 따는 사람은 결국 가장 많은 돈을 가지고 있었던 사람이야.

후배 그러면 정말 부자가 되고 싶은데 지금 이 시점에서 내가 무엇을 해야 되지?
푸르미미 하락장을 대비해서 내공을 길러.

그리고 이렇게 정리해 주었다.

첫째, 투자 관련 서적을 많이 읽는다.
다양한 분야의 지식도 쌓을 수 있고, 투자 간접경험도 할 수 있다. 무엇보다 책의 저자처럼 '나도 부자가 되고 싶다', '그래, 나도 할 수 있다'는 동기부여를 할 수 있는 것이 가장 큰 수확이었던 것 같다. 부자가 되고 싶다면 이미 부자가 된 사람이 쓴 책을 읽어라. 그 책에는 그 사람의 삶의

철학이나 부자가 되기 위한 노하우가 응집되어 있다.

둘째, 부동산 사무실에 자주 들러라.

우리가 살아가면서 가장 큰 금액의 거래를 하는 곳은 부동산 사무실이다. 기본 억 단위의 돈이 거래가 되며 그 수수료도 수백만 원 내지는 수천만 원이 들어오고 나가는 현장이다. 그곳에 가면 돈의 흐름을 느낄 수 있고, 현재의 경기를 느끼고 부동산의 분위기를 파악할 수 있다. 그리고 무엇보다도 부자들을 만날 수 있고, 그들이 하는 이야기를 들을 수 있으며 그들과 점심식사도 같이 할 수 있다. 큰돈이 오가는 현장에 귀를 기울이고 관심을 가져라.

셋째, 투자모임에 참석하라.

나는 요즘도 밴드를 이용하여 새로운 투자모임을 만들고, 다른 투자모임에도 가입하여 투자 정보를 공유하고 배우려고 노력한다. 그런 모임에 참석하여 이야기를 나누고 정보를 교환하다 보면 자신도 모르는 사이에 투자에 대한 감을 기를 수 있고, 또한 잘 풀리지 않는 부분에 대해서 조언을 구할 수 있다. 또한 이야기를 나누다 보면 좋은 아이디어도 떠오르게 된다.

용인 에버랜드에는 삼성그룹 창업주인 이병철 회장의 묘소가 있는데,

그의 묘비명에는 이런 말이 적혀 있다.

'자기보다 현명한 인재를 모아들이고자 노력을 했던 사나이 여기 잠들다.'

미국의 강철왕 카네기 또한 그의 묘비명에는 이렇게 적혀 있다.

'자기보다 뛰어난 사람들을 일하게 하는 방법을 아는 남자, 여기 잠들다.'

주변에 본인보다 뛰어난 사람들을 끌어모아라.

주변에 본인보다 뛰어난 부자를 끌어모아라.

그들에게 배워라. 그리고 그들을 따라 해라.

마지막으로 부자가 되고 싶어 하는 이에게 해주고 싶은 말이 있다. 다음 내용을 명심해라.

1. 기회는 분명히 온다.

2. 그 기회를 포착할 눈을 기르기 위해 지금부터 철저히 준비해라.

3. 기회를 포착했다면 분산투자가 아닌 집중투자를 해라.

4. 레버리지를 자유자재로 이용할 줄 알아야 한다.

5. 소득을 증가시켜나가는 방법에 대하여 항상 생각하라.

6. 부자가 되기 전에는 임대수익에 눈을 돌리지 마라.

7. 돈을 차곡차곡 모으려고 하지 말고, 기하급수적으로 불려나가는 기술을 연마해라.

후배를 친동생이라 생각하고 나의 진심을 다해서 이야기했는데 얼마나 많은 도움이 되었는지는 모르겠다. 다만 그동안 내가 겪었던 시행착오를 그는 조금 덜 겪기를 바라고, 시중에서 흔히 말하는 재테크 이론이 아닌 진짜 재테크 이론과 투자마인드를 가진 투자자로 살아가기를 바랄 뿐이다.

중국 정치가 장징푸는 《20배 경제학》에서 '생명선, 지혜선, 사업선, 결혼선 등의 손금은 하늘이 당신의 손에 아무렇게 그린 것이 아니며, 자신의 운명을 자신의 손으로 움켜쥐라는 게시다'라고 말했다.

행복한 부자가 되고 싶다면 다른 사람에게 당신의 운명을 맡겨서는 안 된다. 자신의 미래에 대해 충분히 심사숙고하고, 보이지 않은 장애물(안이하게 살고 싶은 마음, 월급에만 목매는 삶)들을 뚫고 나가야 한다. 그 열쇠는 오로지 나 자신만이 만들 수 있다.

푸르미미와의 인터뷰

Q1. 최근 전국에서 대구의 아파트 가격이 가장 많이 올랐습니다. 과연 대구의 아파트 가격이 계속 상승할 수 있을까요? 상승한다면 언제까지 상승한다고 생각하나요?

A 지금까지 가장 많이 받은 질문입니다. 이 부분에 대해서 이야기하기 위해서는 그래프가 필요합니다. 다음은 향후 부동산 시장을 예측하기 위해 제 서재에 있는 칠판에 직접 그린 그래프를 옮겨 그린 것입니다.

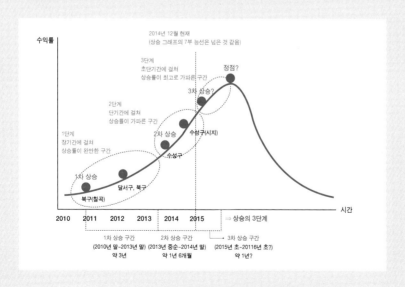

대구 아파트의 1차 상승은 2010년 말에 시작되었습니다. 북구의 칠곡지역이 지상철 3호선 개통 예정 등의 호재로 주도주로써 1차 상승을 이끌었습니다. 그 상승의 바통을 2012년에 달서구와 북구, 동구, 중구 지역이 이어받았습니다. 2013년 하반기부터 대구의 대장주인 수성구가 오랜 기간의 침묵을 깨고 주도주로써 2차 상승을 이끌었습니다. 그 상승의 바통을 2014년 중순에 수성구의 시지 지역이 이어받았습니다.

그렇다면 과연 3차 상승은 가능할까요? 앞의 그래프에서 보는 바와 같이 이론적으로는 3차 상승이 있을 것으로 보입니다. 상승의 기간 또한 내년까지는 가능할 것으로 예상됩니다. 그 이유는 다음과 같습니다.

첫째, 역사적으로 보면 부동산이 대세 상승을 시작한 지역은 평균 5년에서 7~8년까지 상승이 지속되어왔기 때문입니다.

대구의 경우 2010년 말부터 시작한 상승이 2015년에는 5년째가 됩니다. 부산의 경우는 2008~2009년부터 시작한 상승이 2015년에는 6~7년째가 됩니다. 따라서 2015년 한해 동안 상승할 수 있는 시간적인 여력은 남아있다는 결론이 나옵니다.

그렇다면 한번 대세 상승을 시작한 지역이 5년 이상 지속되는 이유는 무엇일까요? 아파트는 공급 부족에 대한 대응력이 느리기 때문입니다. 또한 아파트는 수요가 많이 생기면 공장에서 더 많이 찍어내면 되는 공산품이 아니라, 한번 생산을 하는데 적어도 2~3년의 기간이 소요되기 때문입니다.

2~3년 동안 공급이 부족하면 아파트 값이 상승하는데, 그 아파트를 전세로 한번 돌리려고 하는 투자 수요가 따라붙기 때문에 한번 상승을 시작하면 최소 5년 이상 상승하는 것으로 보입니다.

둘째, 그래프의 상승을 자세히 들여다보면 1차 상승 구간이 약 3년, 2차 상승 구간이 약 1년 6개월이므로, 3차 상승 구간은 1년 6개월보다는 짧다는 것을 알 수 있습니다. 1년 6개월보다 길게 간다면 그래프의 흐름상 맞지 않기 때문입니다. 따라서 그래프상으로 봤을 때 약 1년 정도는 상승할 수 있다는 결론이 나옵니다.

Q2 만약 3차 상승이 일어난다면 어느 정도의 상승을 예상하나요?

A 그래프를 자세히 보시길 바랍니다. 1차 상승 구간의 특징은 3년이라는 시간에 걸쳐서 완만한 상승을 하며 수성구를 제외한 모든 지역이 상승하였다는 점입니다.

2차 상승 구간의 특징은 1년 6개월 정도에 걸쳐 가파른 상승을 하였고, 수성구의 상승률이 다른 지역을 압도하였다는 점입니다.

만약 3차 상승이 일어난다면 어떻게 될까요? 역시 정답은 그래프에 있습니다. 상승의 정점(최고점)을 향해 갈 때는 짧은 기간에 상승폭이 아주 크다는 것을 알 수 있습니다. 따라서 3차 상승 구간의 특징은 '1차와 2차의 상승기간보다 짧지만 상승률은 훨씬 더 클 것'으로 예상됩니다. 마지막 상승 구간에 들어서서 짧은 기간 급등을 하게 만드는 주도주는 그 지역의 대장주만이 가능합니다. 즉, 3차 상승이 일어난다면 수성구가 주도주로 상승을 이끌 것입니다. 수성구의 아파트 가격이 한번 더 출렁일 것이며, 아마도 거품이라는 이야기가 나올 정도로 큰 폭의 상승을 할 것 같습니다. 단, 3차 상승 구간을 지나 수성구의 상승 한계점에 다다르면 하락의 길을 걸을 수밖에 없습니다.

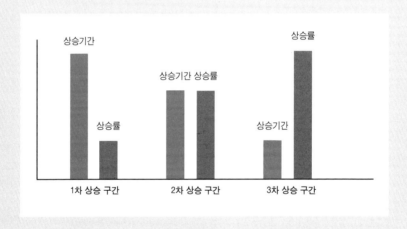

Q3. 그렇다면 하락의 가능성은 없나요?

A 일단은 내부적인 요소로만 놓고 본다면 당분간 하락의 가능성은 없다고 봅니다.

1. 수요와 공급

2. 정부의 부동산 정책

3. 금리

4. 부동산 심리

부동산 가격을 결정하는 5가지 요소 중에서 앞의 4가지 요소가 모두 상승을 하는 쪽으로 포커스가 맞춰져 있기 때문입니다. 그러나 마지막 요소를 배제하지 못합니다.

5. 대외 변수

사실 대외 변수만 아니면 대구를 비롯한 지방의 부동산 시장은 당분간 상승할 가능성이 많습니다. 그러나 97년의 IMF와 2008년의 서브프라임 모기지 사태 등을 봤을 때 우리나라 부동산 시장은 대외적인 변수에 아주 취약하다는 것이 증명이 되었습니다.

따라서 만약 내년에 미국이 금리인상을 한다면 지금 급증하고 있는 가계대출이 우리나라 경제에 큰 부담으로 작용할 것이며, 이로 인하여 금융위기가 온다면 대구를 비롯한 지방의 부동산 시장에 상당한 충격이 올 수도 있다고 생각됩니다. 비단 미국의 금리인상이라는 변수 외에도 우리가 모르는 대외 변수들이 얼마든지 나올 수 있다는 사실을 명심해야 합니다.

Q4. 서울을 비롯한 수도권 시장은 앞으로 어떻게 예상하나요?

A 서울을 비롯한 수도권 시장의 경우 호재가 있는 지역에 한해 부분적으로 상승은 할 수 있다고 생각합니다. 하지만 전반적으로 봤을 때 당분간은 지방의 상승률에는 못 미칠 것 같습니다. 앞에서도 이야기했지만 지방의 상승장이 아직 1년 정도는 남아있을 것으로 예상이 되며, 그 마지막 1년의 상승률이 가장 가파르기 때문입니다. 그리고 그동안 수도권과 지방의 부동산이 상승, 하락을 동조하지는 않았습니다. 수도권이 상승하면 지방은 보합 내지 하락하였고, 지금 역시 지방이 상승하고 있지만 수도권의 매매심리가 크게 살고 있지 않고 있습니다. 따라서 당분간은 지방의 상승률이 더 클 것으로 예상되며, 지방의 상승이 끝난 후에 수도권의 시장을 면밀히 관찰해보면 좋을 것 같습니다.

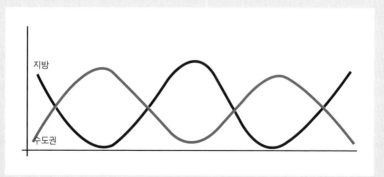

Q5. 마지막으로 독자를 위해 추천할 만한 지역이 있는지요?

A 기본적으로 이런 질문을 좋아하지는 않습니다. 부동산을 볼 줄 아는 눈을 기르는 것이 먼저이기 때문에 그렇지 않은 분들에게 이런 식의 추천은 결국에는 크게 도움이 안될 것이라고 생각하기 때문입니다(이 책을 읽어보신 분들은 이해하리라 생각이 됩니다).

하지만 이 책을 읽는 독자의 경우 이 부분이 가장 궁금해하는 질문일 것이고, 그 질문에 답변을 하는 것이 독자에 대한 예의일 수도 있다는 생각이 듭니다.

대구의 경우는 앞서 이야기했듯이 수성구의 지역을 잘 살펴보는 것이 좋습니다. 그중에서도 학군이 뛰어난 범어동, 만촌동, 황금동을 잘 살펴봐야 하며 만약 이 지역에 신규 분양하는 아파트가 있으면 분양받는 것도 괜찮을 것 같습니다.

기존 아파트의 경우, 수성구의 대형평수 아파트를 사는 것이 상승률이 더 클 것으로 생각됩니다. 상승의 정점을 향해 갈 때는 그 지역 대장주 아파트의 대형평수가 급등을 하기 때문입니다.

마지막으로 현재 정부에서 재건축, 재개발 규제 완화에 대한 움직임과 분양가 상한제 폐지에 대한 움직임이 있으므로 수성구 내에서 입지가 좋은 재건축 예정 아파트를 살펴보는 것도 괜찮습니다.

그리고 중구지역도 잘 살펴봐야 합니다. 그동안 대구의 외곽지 위주로

택지가 개발되어 대구의 중심인 중구가 제대로 평가를 받지 못했습니다. 하지만 도심 아파트에 대한 수요는 꾸준히 있어왔습니다. 따라서 그동안 수요에 비해 공급이 부족하였다는 점과 재건축, 재개발의 규제 완화에 대한 움직임이 중구 지역에 호재로 작용을 할 것입니다.

무엇보다도 중구는 대구 지하철 1호선, 2호선, 3호선이 모두 지나는 지역으로 타 지역보다 교통의 우위에 있습니다. 따라서 앞으로 중구지역 내에서 입지가 좋은 곳에 새로 분양하는 아파트나 재건축하는 아파트를 사는 것도 괜찮을 것 같습니다.

이상 투자 유망지역을 추천해 드렸습니다. 다시 한번 말씀 드리지만 투자의 눈을 기르는 것이 먼저이며, 저의 추천은 참고만 해주시길 거듭 부탁 드립니다. 그리고 지금은 좋은 투자처이기는 하나, 추후 상황이 어떻게 바뀔지 모르므로 대내적인 상황과 대외적인 상황을 항상 주시하여 대응해 나가는 자세가 필요하겠습니다.